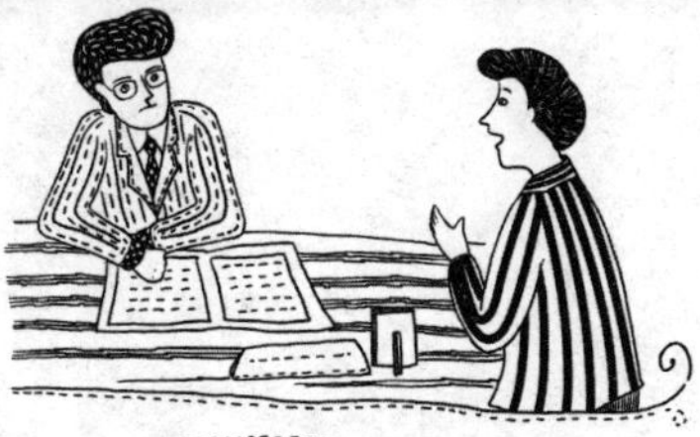

没有说不好 只有不会说

孙红颖 编著

成都时代出版社
CHENGDU TIMES PRESS

图书在版编目（CIP）数据

没有说不好 只有不会说 / 孙红颖编著 . -- 成都：成都时代出版社，2016.12

ISBN 978-7-5464-1790-5

Ⅰ . ①没… Ⅱ . ①孙… Ⅲ . ①语言艺术—通俗读物 Ⅳ . ①H019-49

中国版本图书馆 CIP 数据核字（2016）第 319047 号

没有说不好 只有不会说

MEIYOU SHUOBUHAO ZHIYOU BUHUISHUO

孙红颖 编著

出 品 人	石碧川
责任编辑	张 旭
责任校对	周 慧
装帧设计	别有天地
责任印制	干燕飞
出版发行	成都时代出版社
电 话	（028）86621237（编辑部） （028）86615250（发行部）
网 址	www.chengdusd.com
印 刷	三河市兴国印务有限公司
规 格	710mm × 1000mm 1/16
印 张	17
字 数	230 千字
版 次	2017 年 5 月第 1 版
印 次	2017 年 5 月第 1 次印刷
印 数	1-8000
书 号	ISBN 978-7-5464-1790-5
定 价	35.00 元

前言
preface

说话是人类沟通、信息传递、感情交流的基本工具之一，我们每天都需要说话，都需要表达相关信息。同样的语言，用不同的方式表达，却有不同的意思。尤其在中国，语言文字博大精深，一句话可以被理解为多种意思，同一个词，可以表达多种思想。说得好，信息便可以准确传递，起到你想要的效果，反之，不但起不到该有的效果，而且还有可能起到相反的效果。

中国有句俗话叫“见人说人话，见鬼说鬼话”。并不是说这个世界上真的有鬼，需要用鬼话与其交流，而是说明了说话的艺术性。随着科技的发展，世界变成了地球村，人与人之间的交流日益密切，说话不仅仅是一种日常交流活动，更是影响一个人事业、人缘、家庭等的重要因素。

我有一位朋友，晚上做了一个梦，梦见自己的牙全掉光了，朋友是一位非常迷信的人，于是去找一些所谓的“大师”解梦。第一位大师说：“先生，按照周公解梦的说法，是说和你同龄的亲戚都死去之后，你才能死，也就是说你是最后一个去世的。”朋友听了有些不悦，留下20元便离开了。

随后，他又找了一位“大师”解梦，这位大师说：“先生，这是好梦呀，梦的意思是说你是你所有同龄亲属中最长寿的一位，恭喜呀！”朋友听了很是高兴，便给了这位大师500元，还请他吃了一顿饭。

显然，即使是“大师”，同一种意思，不会说话，会让他人感到不悦，不但影响自己的事业，也很难赚到钱。

会说话，不仅有利于高效的沟通，有时甚至是一种武器，能够匹敌于千军万马。还有这样一个故事叫“烛之武退秦师”，发生在春秋战国时期。当时秦国和晋国要联合攻打郑国，由于国力、军力原因，郑王一筹莫展。最后，不得不请老将烛之武去秦国说服秦王放弃攻打郑国。

烛之武到了秦国后，动之以情，晓之以理，清晰分析攻打郑国对秦国的利与弊，最终，说服了秦王，秦王立即命令撤军。晋国一看秦国撤军了，自己也无可奈何，只好撤军。就这样，烛之武不费一兵一卒，就化解了这场战争。

类似于这样的案例不管在历史上还是在当代的生活中都有很多，用中国历史上的文学理论家、文学批评家刘勰的话说：“一人之辩重于九鼎之宝，三寸之舌强于百万之师。”社会发展、人际交往离不开个人思想，个人思想的传递离不开语言。据相关学者统计，一个人每天要说一万八千个词语左右，而且每天事情越多、越忙碌的人说话越多。所以，如何说话，在当代快速的生活节奏下就显得格外重要。

在人类交际越来越频繁的今天，一个人是否会“说话”，往往决定着其成就与境遇。有些人知识很渊博，但因为不会说话，所以人缘很差；有些人工作很积极努力，但因为不会说话，所以一直原地踏步。那么，你愿意成为生活的主角吗？你想让自己的事业、工作更加辉煌吗？你想在朋友、客户面前有一个更好的印象吗？不妨翻开这本书，它一定会让你更会“说话”。

目录
contents

第一章 没有无力的语言，只是你没有准备好

第二章 没有接近不了的人，只是缺乏说话技巧

第三章 没有打动不了的人，只是语言礼仪不见了

第四章 没有说服不了的人，只是太过急功近利

第五章

没有不会聊天的人，只是对方感觉不到愉悦

第六章

没有听不懂的信息，只是不懂询问技巧

第七章 没有请求不成的事，只是方式方法不对路

第八章 没有不被欣赏的人，只是对方听不到赞誉的话

第九章

没有说不明白的事，只是表达不够清楚

第十章

没有不能反驳的人，只是语言太过苦口

第一章

没有无力的语言，只是你没有准备好

主要症状：话到嘴边，却说不出来，说话没有逻辑。

对症下药：以必要的积累和准备，迈出关键的一步。

勇敢：大胆说出来

有一首歌唱道“爱要大声说出来，想爱就去爱，机会错过就不能重来”，鼓励心有所属的年轻人大胆表白，追求幸福。而在生活中、在社交场合，很多时候我们也需要这样的勇气，大胆说出自己的真实想法，迈出与人交流的第一步。

你是否遇到过这样的情形？明明话在嘴边，却不能脱口而出，最终吞吞吐吐，不了了之；明明想拒绝对方的要求，嘴里就是说不出那个“不”字；明明可以打一个电话，让别人帮忙解决难题，却死要面子活受罪，最后流着泪自己扛……

如果有这些情形，请不要急着说自己性格天生内向改不了。没有谁敢断言，性格内向的人，即使再努力，也不能在社交场合变得游刃有余。

【小短剧】

小李从老家苏州到北京打拼，在一家私企做业务员。他人斯斯文文，工作兢兢业业、任劳任怨，但就是性格非常内向，和女孩子说话脸都会红，部门会议的时候，也总是最安静的那个。如果他哪天请假没来，几乎没有同事会注意到。

最近，同一批进来的人纷纷升职加薪，他也想找老板谈谈，希望自己也能升职或者加薪。

从有这个想法开始，小李纠结起来。他怕老板认为自己贪图名利，怕老板拒绝，怕同事说他想入非非。他也纠结哪天找老板谈合适，老板心情好，他怕谈了坏了老板兴致；老板心情不好，又担心自己撞上枪口。

纠结了若干天后，又在老板门前徘徊犹豫了好长时间，小李终于还是颤颤巍巍地敲响了老板的办公室门。

老板倒是个很随和的人，面带微笑，“是小李啊，你有什么事情？”

小李紧张万分，手足无措地说：“我，我，我没什么事情。”

老板半开玩笑：“哦？没什么事情，找我闲聊的吗？”

小李脸憋得通红，搓着手，低着头，似乎想在房间找个地缝钻进去。

一阵尴尬的沉默过后，还是老板又开了口：“最近工作怎么样，有没有遇到什么困难啊？”

小李轻声说：“这几天工作状态不是很好，有些失眠。”

老板问：“怎么回事啊，年纪轻轻的，想什么事情睡不着觉啊？”

又是沉默，更加长久更加让人尴尬，小李都冒汗了，但他始终还是说不出升职加薪的事。

最后，老板有些不耐烦了：“那没什么事情，你就先出去吧，我马上有点事情要处理”。

结果可想而知，小李在公司原地踏步，比以前更抑郁了。

【剧析】

找老板加薪不是到马路上抢钱，本可以光明正大，但小李却因为自己的欲言又止，最终与升职加薪无缘。我们为他一声叹息，也有些怒其不争，明明工作足够努力，为什么他就不能大大方方地走进老板办公室，说“我要升职！我要加薪！”呢？

我们得承认，目前的社会和职场环境，似乎更青睐性格外向、善于表现、长袖善舞的人。那性格内向难道就意味着告别社交圈，一辈子孤独闭塞，生活在别人的阴影下吗？当然不是，内向的人欠缺的只是交往的勇气，没有谁天生就是演说家、社交好手，丘吉尔曾经在演说时被轰下台，但他凭着敢于犯错的勇气和坚持不懈的努力，最终还是成为20世纪最著名的一位演说家。

即使是小李，假如他能正视自己的失败，总结教训，突破性格瓶颈，准备好要向老板陈述的升职加薪理由，并让自己在仪态上更自信坦然，我们有理由期待，他的第二次敲门就可能迎来春暖花开。

【引剧论法】

我们希望小李能振作起来，期待着他的第二次敲门。而生活中还有很多像小李这样内向的人，如何让这些羞答答的“玫瑰”火辣辣地开?

首先，要认清自我，内向的人往往时而自尊自大时而自怨自艾，外界评价对他们情绪影响特别大。认清自己到底是个什么样的人，有哪些优缺点，就不会为了维护自己并不存在的“完美形象”，或者掩藏本就存在的缺点而不敢说话。

其次，要多交朋友。很多内向的人并不是在所有人面前都金口难开的，在熟悉的朋友跟前，他们往往滔滔不绝，讲得眉飞色舞。有意识地多交朋友，就有了更多的开口机会，也拓展了自己的社交圈。这样可以锻炼自己的说话能力，进一步增强开口说话的自信。

最后，要锻炼胆量。著名的电视剧家暴男安嘉和告诫自己的老婆“不要和陌生人说话”，而内向者要做的恰恰是打破而不是遵循这条规矩，哪怕刚开始完全是强迫，也要逼着自己和陌生人说话，在火车上、在聚会上、在公园里向陌生人问好，与他们寒暄交流，从天气或着装开始，慢慢寻找兴趣点和共同点，等到几乎每一次都可以找到相见恨晚的感觉时，那么恭喜你，大胆说出来，对你真的不是事儿了。

Tips：

▼说出来，就有可能成功，不说，就注定失败。

▼给自己要说的话定个闹钟，时间一到，立马去说。

▼勇敢地说出来，胜于含糊其辞。

自信：自信才会让别人相信

喜欢足球的人都知道，有位著名的狂人教练穆里尼奥，2004年夏，他带领波尔图夺得欧洲冠军杯后，转而执教英超球队切尔西，初见英国媒体，他的开场白是“请别说我傲慢，但我是欧洲冠军，所以我想我是特别的一个”。靠着这种自信，他当年就帮助切尔西拿到了英超冠军，并创造了英超最高积分和最少失球纪录，也是靠着这种自信，他拿遍葡、英、意、西四国联赛冠军，还帮国际米兰成就“三冠王”伟业，成为当今世界足坛最炙手可热的“魔力鸟”教练。

自信对人生的意义不言而喻，自信在人际交往和谈话交流中的作用也至关重要。自信满满、胸有成竹的人，在任何场合都显得镇定自若、从容不迫，总能用最恰当的语言表达自己的主张，显示自己的立场，并传递出一种感染力和说服力：我是对的，听我的，准没错！

【小短剧】

小何从某名牌大学的经济学专业毕业后，顺利进入当地一家银行工作。他性格阳光、做事稳重，跟女友慧慧恋爱3年了，感情稳定，已经开始谈婚论嫁。

而就在这时，他做出了一个决定：辞掉银行的工作，参加司法考试，转行当一名律师。很快，他取得了家人和女友的支持，接下来他要做的是说服女友的父母，他们都在机关工作。一次，在女友家吃过晚饭后，他说出了自己的想法。

"叔叔阿姨，我想辞职去当一名律师，现在想征求一下你们的意见。"

慧慧爸妈都很吃惊。

"怎么会这样？银行多稳定啊！"

"银行是稳定，但工作这几年，我觉得太程序化，我觉得律师更适合我，这个职业的前景也越来越好。"小何坚定地说。

"听说司法考试通过率很低的，你有把握吗？"慧慧的爸爸问。

"考试对我来说不是问题，能考进我们那所大学，应试能力都不差。而且大学时，我选修过法学课，有基础。"小何回答说。

"律师每天跟人吵得面红耳赤，有什么好？"慧慧妈妈嘟囔着说。

"阿姨，法庭辩论是讲法理、讲逻辑的，大学时我参加辩论赛还拿过奖呢，我有信心'吵得赢'。"小何略带些调皮说。

"那收入肯定总归还是不如银行吧？"慧慧妈妈不依不饶。

"刚开始肯定不如银行，我本身学的经济，以后也想往经济纠纷案专职律师方面发展，案值会比较高，按比例收钱，收入应该不会差。而且还可以做大公司的法律顾问，这也是一份不小的收入。我会努力的。"

最终，慧慧父母同意了小何这个看似冒险的决定，而他也如愿通过了司法考试，成为了一名律师。

【剧析】

小何成功说服女友父母，让自己在人生道路转折时赢得了更多人的支持。而在说服的过程中，他强烈的自信无疑起了很大的作用。

真正的自信不是空穴来风，它需要清醒的自知和审慎的判断。

通过对话我们可以看出，小何想离开银行去当律师，并不是一时的头脑发热，而是深思熟虑后的决定。他对自己通过司法考试有信心，不是“学霸”很难考进名校；他对胜任律师工作有信心，他参加辩论赛拿过奖，而法庭辩论是律师很重要的能力体现；他对自己的从业前景有信心，专业所长加上后天努力。

如果没有这些考虑和自信，小何在回答准岳父母的问题时，肯定用不了几个回合，就会露怯，不仅说服不了两位家长，还可能会给他们留下见异思迁、做事冲动的坏印象，甚至很难放心把宝贝女儿托付给他。

【引剧论法】

在生活中，我们留心观察自信的人说话，往往会发现他们声音更洪亮、语气更连贯、逻辑更严密，自然而然就会形成不容置疑的气场。相反，不自信的人，往往低声下气、吞吞吐吐、前言不搭后语，事情都说不清楚，更甭提让别人信服了。

如何让自己在说话时显得更自信呢?

自信需要你对你所说的话负责，所以需要底气，需要对谈话内容很了解，所谓“运筹帷幄而决胜于千里之外”，如果涉及行动目标，目标必须切实可行。

在有了这种底气之后，接下来就要注意自己说话时的状态，声音要坚定适中，语速要不急不缓，眼睛要稳定地平视对方，身体和表情要自然而又不过于随意，这些都能让说话者显得更自信。

自信的说话还需要及时和对方交流，尽量照顾对方的感受并做出相应调整，不能在对方已经厌倦或者生气的时候，还自说自话。要适时地询问对方，“我相信是这样的，你觉得呢”。要能微笑着接受对方的批评或者指责，并心平气和地做出进一步解释。

Tips：

▼积极与陌生人搭讪，有助于培养自信。

▼允许自己出糗，如果说话时怯场就索性道出实情，这也是自信的一种表现。

▼自信并不是把话说满，说“我保证”或者“一定”做到。

热忱：为你的语言加分

美国的民权运动领袖马丁·路德·金，1963年在林肯纪念堂，发表了他著名的演讲《我有一个梦想》，半个多世纪以来其相关资讯影像一直被广为流传。这不仅因为演讲内容契合时代背景，还因为演讲过程中，无论是深沉和缓时，还是慷慨激昂处，都充满了激情和梦想，演讲者的热忱贯穿始终，最终征服大众的是话语背后一个民权斗士勇敢的心。

热忱对于谈话意味着什么？如果把谈话比作练武功，谈话的内容是“外练筋骨皮”，而谈话的热忱则是“内练一口气”，武功是花架子还是真功夫，主要看内功修为。而谈话是否真诚深入、积极有效，说话人是否有热忱则起着决定性的作用。

【小短剧】

小王在一家公司的销售部门实习，公司主要经营老年人用的按摩器械，同一时间进公司实习的有10个人，部门经理“丑话说在前面”，3个月实习期满后，按销售业绩择优录用，最多只能留下两个人。

部门经理话音一落，大家立刻行动。有人找亲戚朋友介绍客源，有人到小区里摆摊设点，有人则找来一堆号码，抱着电话打个不停。

小王在10个人里，论学历、相貌、口才都数不上，但他似乎并不着急，脸上总带着笑。

他每天大清早，都雷打不动地带着三四套按摩器械，到当地最大的一个公园里，和很多老人一起晨练。有时跟着大爷学练太极，有时混在大妈队伍里跳广场舞，音响什么的出点小问题还能帮着调一调。

等到老人休息的时候，小王就跟他们一起聊天，给他们讲讲新闻，说些笑话，看到哪个老人心情不好，会主动过去问怎么回事，帮着开导开导。得知一位孙大爷是独居老人，他还主动跟着他到超市，帮着拎些米、面等重物。

他跟老人们说了他是卖按摩器械的，现在还是个没转正的实习生，但从没上赶子推销。只是每天早上都把带来的器械，让老人们免费试用，给他们详详细细地介绍怎么用，有什么好处，有哪些注意事项等。

10多天过后，小王卖出了第一套按摩器械。而一个月过后，小王总共卖了40多套，在10个人中排名第一，也理所当然地被公司留用转正了。

【剧析】

一提到推销，大家头脑里往往冒出来“巧舌如簧”、“天花乱坠”等词，似乎推销就全靠着一张嘴。而从小王的例子中我们可以看出来，真正成功的推销是要打动人心而不是蒙混一时。

需要推销者有足够的热忱，这种热忱既是一种职业精神，也是对人的真诚。

若约那森·欧登·阿莫尔曾说过“若想成为人群中的一股力量，便需培养热忱”。可见，在与人交往说话时，热忱有着莫大的吸引力，更能营造融洽和谐的关系。小王也是先和老人们成了朋友，然后才卖出去产品的。因为既然是朋友，就会有信任，老人们也就会想着在力所能及的范围内帮助小王，何况买按摩器械自己还用得上呢？一种良性的互助关系就这样形成了。

退一步讲，如果小王没有足够的热忱，只是像现在很多推销员正在做的那样，早上跑到老人晨练的公园去，逮谁就把产品往人手里塞，然后像块牛皮糖一样粘在身后，一副不买走不了的架势，那肯定只会让老人反感厌恶，避之唯恐不及，哪还有兴趣买产品。

【引剧论法】

在平常的交谈中，我们会发现，说同样的话，讲话者走不走心，热不热忱，直接影响交谈的兴致，如何建立起谈话中真正的热忱呢？

首先，要做个充满活力和热忱的人，广泛地培养自己的兴趣爱好，孜孜不倦地工作，对身边的人充满关爱，让自己像每天升起的太阳一样朝气蓬勃、热力四射。否则，伪装出的热忱是强撑不了多长时间的。

其次，在谈话时观察对方的反应，话题的选择要尽量让双方都感兴趣，如果发现对方对某一话题完全不感兴趣，要迅速转换话题。即使谈话是为达成某项目的，而对方对这方面内容又没兴趣，也要毫不犹豫地转移话题，找到对方的兴趣点，先建立起良好的谈话关系，再试着循序渐进，说出自己想说的话。

最后，要注意，热忱并不意味着一定要大声讲话或者呼叫，而是要注意和对方的眼神交流，并配合肢体动作，让对方感受到自己热忱的真切。著名的人际关系大师卡耐基说："如果你内心里充满要帮助别人的渴望，你就会兴奋。你的兴奋从你的眼睛、你的面孔、你的灵魂以及你整个为人方面辐射出来。"

Tips：

▼热忱不是刻意做出来的，也不是华丽辞藻的堆积，是真正关心对话人的内心感受。

▼热忱贵在坚持，要能经受住冷遇和挫折。

▼热忱忌厚此薄彼，对有钱有势者热乎，对普通人冷淡。

坚定：让每一句话都铿锵有力

完璧归赵的故事大家耳熟能详，秦王借口拿 15 座城池交换，想霸占赵国的和氏璧。蔺相如临危受命，带着和氏璧出使秦国，发现苗头不对后，他拿着和氏璧靠到宫殿大柱旁，义正词严地说："赵王诚心诚意派我把璧送来，可是大王并没有交换的诚意。如今璧在我手，大王要是逼我的话，我宁可把脑袋和这块璧在这柱子上一同撞碎。"最终，蔺相如凭着坚定的立场和过人的智谋完璧归赵，捍卫了弱国外交的尊严。

现实生活中与人交谈时，坚定的态度同样必不可少，说话坚定，更容易表达主张、彰显自信，会形成一种不容侵犯的气场，也会因为坦诚直率、爱憎分明交到真正的朋友。而说话不坚定、语焉不详，不仅会给人留下缺少主见、优柔寡断的印象，还会让人误会曲解自己的意思，造成不必要的麻烦。

【小短剧】

小郭是某电视广播学院的一名大四学生，长得柔柔弱弱，说话轻声细语，在学校里得了个外号叫“林妹妹”。

当地一家电视台到学校里招人，学院领导推荐了3个人，其中就包括小郭。但到电视台面试后，其他两人都留了下来，只有小郭被拒绝了。给出的理由是说话不够坚定，感觉不自信。学院领导再次力荐，说小郭如何如何优秀，对方答应再给她一次机会，让她在电视台实习一段时间试试看。

小郭到电视台实习后，接到的第一个采访任务是帮助打工妹小张维权。小张在一家饭店做服务员，没签劳动合同，干了一个多月时，在饭店被热油把腿给烫伤了，在医院住了1个星期，花了6000多块钱，但饭店只肯出2000块钱。

小郭跟着小张找到了饭店的老板，老板一开始听到电视台来采访，有些害怕，但看到小郭是个柔弱的姑娘，就有些瞧不起她，态度很蛮横，甚至都没从椅子上站起来，说小张没签合同，根本就不算饭店的员工。

小郭眼睛直盯着老板的眼睛，不再像以往那样轻声细语，她铿锵有力地跟老板说：“劳动法有规定，只要劳动关系存在，雇主就应履行劳动法规定的各项义务，小张这是工伤，该怎么赔有法可依。如果没签合同，劳动法规定，你应当每月支付她2倍的工资。要不我们坐下来一起学学劳动法？”说着从包里掏出了一本劳动法，放到了老板的桌上。

这番话一出口，看着小郭一脸的正气凛然，老板坐不住了，忙满脸堆笑并一个劲地道歉，最终采访顺利进行，小张也顺利拿到了赔偿。而小郭自己，也通过这次采访，取得了电视台领导的信任。

【剧析】

小郭获得学院的举荐机会，去电视台实习，说明自身能力没有问题，而她却因为面试时说话不够坚定，差点被淘汰在了起跑线上。

大学毕业生初入职场，很多人在面试时都会犯小郭一样的毛病，“不敢高声语，恐惊面试人”，一副怯生生的模样。可惜面试不是相亲，相亲的时候害羞、胆怯，还可能理解为单纯，而面试的时候说话支支吾吾，基本就会被判“出局”，因为面试时间短暂，拼的就是一个“第一印象”，这时候你给对方留下一个不自信的印象，结果可想而知。所以声音洪亮、语气坚定，在求职面试时尤其重要。

小郭在和饭店老板交锋时，如果她见对方态度蛮横，又像面试时一样露怯，对方稍微搪塞几句，她肯定也就顺势败下阵来。在平常的人际交流中，很多时候也需要“亮剑”，表明自己的观点。

在职场中，如果对上级一味迎合，开会时人云亦云，不仅同事会反感，领导也会觉得你没主见、没想法，成不了气候。生活中，如果对人一味附和，不懂得在适当的时候拒绝，对方会欺负你是个“老好人”，变本加厉地“欺负你”，或者就是觉得你“有心机”，敬而远之。

【引剧论法】

说话时坚定的态度必不可少，那么在慷慨陈词时要注意哪些环节？

坚定要有的放矢，要有坚定的信念、明确的立场。有一位销售员与客户谈业务，销售员给出最大优惠后，客户要求再优惠一个百分点，销售员坚定地说：“这已经是我们最大的优惠了，如果您觉得不合适，可以再考虑几天。”显然，当前的价格是他最大的底线。

坚定要言之有物，要有充足的论证。写议论文要求我们摆事实、讲道理，说话同样需要如此，当我们坚定地表达某种观点时，一定要像小郭采访时候那样，准备好相关的材料和证据，没有事实和论证支撑，态度坚定只会被认为是偏执。

坚定需要有理有节，要分清场合掌握好尺度。坚定的目的是要表明态度和立场，而不是要谁难看，所以提反对意见时，尽量缩小范围私下交流，尽量不让对方当众出丑。说话时还要注意别得理不饶人，很多时候点到为止效果更佳，适当的时候还要给对方一个台阶下。

Tips：

▼当紧张、恐惧的时候，在心中给自己攥拳头，加油打气。

▼没有说服不了的人，只是看你是否有坚定的信念和充足的准备。

▼对方开始回避或者没有逻辑的狡辩时，说明你就快赢了。

▼沉默有时也是一种坚定的表态。

阳光：构建积极的沟通氛围

2010年春晚，小品《一句话的事儿》让人印象深刻，郭冬临和牛莉扮演的两口子，因为善意的谎言，闹出了一些让人啼笑皆非的误会，并给当年留下了“你心里阳光一点好不好？”这句经典流行语。

“你心里阳光一点好不好？”在人与人之间的交流中，我们同样可以把这句话拿来作为提醒，提醒自己做人简单坦率一点，说话阳光一点。这在人际关系越加复杂、职场处处“宫斗”的现代社会，反而能化繁为简，构建积极的沟通氛围，创造出良好的人际关系来。

【小短剧】

刘芳和赵雅同是一个公司的办公室文员，刘芳的老公是当地一个机关部门的领导，平日里同事对她礼让三分，尤其是女同事，更会有意无意地凑到跟前套近乎。而赵雅年轻漂亮，在学校时就是出了名的校花，虽然已经名花有主，但在公司里，男同事还是喜欢找她聊天，大献殷勤。

而刘芳和赵雅谁都不服谁，针锋相对。平日里少不得明争暗斗、大唱反调，办公室里时常弥漫着一股浓浓的火药味。

一个周日，刘芳逛商场时，恰好看到赵雅也在，她和一个中年男人在一起，而且还挽着男人的胳膊，很是亲热。刘芳一阵冷笑，记在了心里。

第二天上班的时候，刘芳故意当着其他人的面问：“唉，赵雅，我昨天可看到你和一个男人逛街了，他是谁啊？”

赵雅先是一愣，停顿了一会儿，面露怒色，她说：“哦，逛街的事不归你管吧，我爱和谁逛就和谁逛。”

话不投机半句多，她们也就没再说下去。几天后，赵雅是小三的传言在公司里扩散开来，最终传到了赵雅的耳朵里，她很快就搞清楚了是刘芳背后说撞见她星期天和一个男人卿卿我我地逛街，肯定是小三。

事态发展很快失控，赵雅找男朋友哭诉，男朋友一怒之下打伤了刘芳被治安拘留，赵雅也因流言太盛，被迫从公司辞了职。

原来，那天和赵雅一起逛街的男人是她爸爸。

【剧析】

办公室因为一个误会上演内斗，结局有点惨，一个被打伤，一个被迫辞职。而究其原因，倒应了小品《一句话的事儿》中另一句台词："一句话的事儿，一句话能成事儿，一句话能坏事儿。"

如果刘芳能心里"阳光点"，不去猜疑也不去问赵雅那句话，更不在人家没有明确回答的情况下散布谣言。或者赵雅也能坦率点，直接回答说："那人是我爸爸。"也就不可能有这么"惨烈"的结局。

而如果再深究这"一句话的事儿"，真正的祸根其实早就种下了，那就是她们的职场交流太不阳光，相互间怀着敌意。所以，这个结局看似偶然，却又是必然。

我们平时身在职场，如果人人各怀心思，有啥事儿都藏着掖着，互相间防着斗着，真把职场演变成了纷争不断的"后宫"，那么工作也就成了煎熬。而与其感伤抱怨，不如从我做起，从现在做起，拿出阳光的心态，露出灿烂的笑容，坦诚待人，多发现赞美别人的长处，多一些推心置腹的交流，"心地无私天地宽"，相信通过你的这种努力，职场生态一定会大大改善，阳光一定能冲散雾霾。

【引剧论法】

当然，要做到心里阳光、说话阳光还要讲究方式、方法。

首先，要塑造一种阳光的形象。如果你整天无精打采、郁郁寡欢，人家一见这副"倒霉样"，跑都来不及，哪还有心情等你说出什么阳光的话。所以你要注重自己的着装，注重自己的仪表和精神状态，每天早上出门前，先对着镜子自我检查一下，最好能产生"自恋"的感觉，那么，这时候你可以对着镜子美美地笑一下，步履轻松地出门了，这时候人们看到的你，一定是满脸阳光的感觉。

其次，要注意多说鼓励的话，少说泄气的话，要设身处地为对方着想，替他排忧解难，这样才是真正的阳光。心理学上有个非常重要的原则就是强化原则，人们通常会喜欢那些能给予他们赞赏和鼓励的人。每个人生活中可能都会有过类似的感觉：本来觉得生活没希望了，这时候有个人过来说了番温暖体贴和鼓励的话，让你突然间觉得如沐春风，信心倍增。

最后，阳光坦率并不意味着在什么场合什么话都能说。电影《天下无贼》中，傻根在火车站广场大喊“哪里有贼啊？哪个是贼啊，站出来我看看”，这样说话倒也是真够“阳光”，但多少带点傻气。我们平常说话既要直率，还是要有些禁忌，比如别问女人的年龄，别打听同事的薪水，也别揪着人家不想细谈的事情刨根问底，那样，不仅不会被别人夸“阳光”，还会被人说“不懂事”、“缺心眼”。

Tips：

▼第一时间主动打招呼，给人留下“阳光”的第一印象。

▼学会换个角度说问题，注意发现事情积极的一面。

▼别喋喋不休自己的倒霉事，消极的情绪会传染。

▼与人争论，别触碰“人身攻击”这个底线。

谦虚：不要让对方反感

三国时有个著名的狂士叫祢衡，恃才傲物，先是跟随曹操，嫌曹操给的官小，演出了“裸衣击鼓骂曹操”的一幕，后来跟着刘表干，对刘表态度也很轻慢，又被送到了黄祖那里，结果一次酒宴上骂人家是“死老头”，被黄祖一怒之下杀了头。可怜的祢衡，仗着有几分才气，一路走一路骂，最终丢了性命，亡时26岁。

生活、职场中也会有一些祢衡式的人物，他们很有才干，却目中无人、说话傲慢，结果把领导、同事、身边的人都得罪光了，成了孤家寡人。“满招损，谦受益”，在人际交往中，学着用谦虚的态度说话，创造一个和谐的人际关系，对自己的发展大有好处。

【小短剧】

小杨是一所985院校的高材生，自动化控制专业，去年毕业进入一家有名的国企，踌躇满志，准备施展拳脚大干一番事业。

工作一个月以后，单位开大会，老总也参加了。会议最后，老总为了体现对新进人才的重视，让小杨也做了发言。

结果小杨站起来以后，毫不客气，不仅挑了很多工作流程上的毛病，甚至对公司架构和人员调配都一一做了点评，多是挑刺的话，一圈中层领导脸色都有些难看，虽然当时老总表扬他年轻有想法。而之后的工作中，他却处处碰壁，最后只得辞职。

辞职以后，小杨又到了一家著名的外企应聘，他总结教训，时刻提醒自己一定要谦虚。

面试时，人事主管问道："你觉得你能不能胜任这份工作？"小杨说："我觉得能力还不够，我会在工作中努力学习，相信以后一定能做好的。"

后来，人事主管又和技术主管一起带他到厂房里参观，结果每到一个机器旁，小杨都表现得像发现新大陆一样，还一个劲地问操作要领，很多内容都是大学时就学过的，他也知道，只是故意想表现出谦虚。

应聘的结果是小杨被拒绝了，他彻底蒙了：我到底该不该谦虚呢？

【剧析】

小杨到底该不该谦虚？

第一次开会的时候他应该谦虚，因为初入职场，最重要的是迅速融入团队，建立良好的人际关系。而小杨却在公司老总面前，当着那么多同事的面，指出那么多缺点，不管他说得对不对，分管具体工作的各位领导肯定会心里不舒服，如果是上级领导或者资深专家批评，还可能虚心接受，但一个职场新人这样指手画脚，他们的第一反应肯定不是检讨，而是想"看你小子以后能干成啥样"。小杨今后的境遇也就可想而知。

面试的时候，小杨就不应该谦虚，或者更恰当地说，不应当过分谦虚，因为公司招你是来干活的，不是招你来学习的，这时候你说"我不行，我还有很长的路要走"，那招聘方肯定不会要你，毕竟"行"的人到处有，我干吗要招你个不行的呢。

职场新人务必要注意拿捏好谦虚的时机和尺度，你既要放低姿态，处处拿出学习的态度，说话谦虚谨慎，制造"人畜无害"的表象，搞好同事间的关系。又要学会适时地表现自己，不能让人永远把你当职场菜鸟看。

【引剧论法】

如何在说话中，显得谦逊有礼、低调内敛，又能在合适的时候展现实力、表达自信呢?

首先，自大之心不可有。别太把自己当回事。有位诗人曾说过“如果在一个群体里，老把自己当主角，别人不仅不会接受，反而会嘲笑你”。要学会正确地“看轻”自己，这不是自暴自弃和自怨自艾，而是看轻荣辱得失，专注自己的工作和生活，要相信自己如果努力并且做出了成绩，很多时候即使不说，别人也会看得更清楚，根本不用自己到处吹嘘。

其次，分清场合和时机。该出口时还得出口。职场中不该谦虚的时候谦虚，可能会导致自己失去晋升空间，那么如何说出成绩又不给老板或者领导留下自我吹捧的印象呢?我们不能说得太笼统，最好多提供一些细节信息，比如别直接说“我工作特努力”，可以说，“我每天是最后一个离开办公室的”、“女朋友老抱怨我一工作就想不起她了”。把优点具体为细节，就不会给人留下夸夸其谈的印象。

最后，面对赞扬要谦虚。表示谦虚时要学会恰当的表述。复旦大学历史系教授钱文忠在百家讲坛的节目火了以后，记者夸赞他的成功和名望，钱文忠谦虚地回应说：“我的所谓‘成功’和‘名气’应该归结于全民对于文化的渴求。就好比钻井采油，全民的文化需求不知不觉中到了一种井喷的状态，而我正是井喷时恰好坐在窨井盖上的那个人。”

他巧用了“归功他人法”，既不否定自己的成功，又显得谦虚得体、风趣幽默，增添了个人魅力。

Tips：

▼聊天时多用敬语，尊重对方，放低姿态。

▼面对赞美，说“哪里哪里”不如直接说“谢谢”。

▼别老说自己的事。

▼发表意见时，及时请对方评判。

第二章

没有接近不了的人，只是缺乏说话技巧

主要症状：无法与对方深入交流，走不进对方的内心。

对症下药：学会找对话题，拉近距离就不难了。

没话找话，巧妙接近陌生人

不管是在工作中还是生活中，经常需要和一些陌生人打交道，而且有时候你可能要面对多个陌生人，在这种情况下，因为很多人彼此都不熟悉，难免会出现尴尬、冷场的情况。如果没有人打破这种尴尬，沟通就会陷入困局，当然你也无法接近任何一个陌生人。

有这样一种说话方式，叫“没话找话”，意思是说你和对方本来没有什么可说的，或者该说的已经说完，但由于种种原因还不能结束沟通，那么就需要找一些话题来继续。话题找得对，便会更进一步地拉近与对方的距离，反之，你可能会离对方越来越远。

【小短剧】

在朋友的聚会上，小张见到了很多陌生的面孔，她稍显拘谨，但还是极力保持着自己以往的神情。原来朋友的朋友那么多，而她只是其中小小的一个，她这么想着，心中有了一丝醋意。这次朋友从南方闯荡回来，做的第一件事就是设下了这么一个饭局。

这一天，她如约而至，只是不知道饭局上会来这么多的人。大家都坐好了，朋友小卓开始做介绍：“这个是小张，我的大学同学，这个是我的高中同学，这几个是我的发小，这个是我以前公司的同事……”

小张看着小卓一一介绍得这么郑重，在心中已经了然，心想到场的一定都是她十分珍视的朋友，也是她这几年来积累的人脉资源。何况小卓曾透漏想要自己开一家公司，而自己的朋友们如果彼此都认识，这更有助于今后彼此之间的合作。

小卓介绍完毕后，大家相互环视了一下，点头示意。显然到场的人太多，仅凭小卓一遍的介绍，各自还是相互不了解，甚至连名字都不记得。

看着大家极不自然，还强作镇定的神态，小卓端起一杯酒，笑着说："我们先一起喝一杯，你们都是我的朋友，正所谓物以类聚，人以群分，你们将来也会成为很好的朋友的，只是到时候别忘了我这个最初引荐的朋友啊！"

听到小卓这么说，大家都相视笑了一下，而这也是小卓最大的优点。她幽默风趣，又极爱开玩笑，说出这番话无疑让大家吃了一颗定心丸。

在这个朋友的聚会上，仅凭小卓一个人说话，大家点头示意或微笑，这样场子是热不起来的。小张也沉浸在自己的思考中，不知道在这样的场合要说些什么。她欲言又止，抬头迎上了小卓满是期待的眼神。

就这样，突然之间，小张有种身兼重任的感觉，在这样的压力下，她的思维转得很快。她心想：大家第一次见面，给彼此留下一个好的印象才是最重要的。可是对方的学识、爱好、家庭背景、价值观、职业都是未知的，如果冒昧地提出较深入或者是比较特别的话题，会让大家陷入回答的窘境。此时不如提出一些大众的话题，有意地去营造一个轻松愉悦的氛围……

"小张，听说你最近在网络上收集搞笑滑稽的脑筋急转弯，不要藏着掖着啦，拿出来大家分享一下，如此良辰美景，正合我们玩闹的兴致。"

听到小卓叫自己，小张才从自己的沉思中醒过来，说道："好啊，那我要献丑了，只是大家要各自讲一个自己觉得比较好笑的幽默笑话，不能总让我一个人讲啊……"

看着小张嗔怪的表情，有几个朋友连声道："好，一人讲一个，发言嘛，也讲求一个人人有份……”

于是，小张说道：“在水果王国里，哪一种水果的视力最差？”

“当然是杧果。”一个朋友答道。

有人疑惑地问了一下：“为什么是杧果，杧……”她随即笑了，补充了一个道：“那么蔬菜中，哪两种蔬菜比较前卫，拥有了手机呢？”

“这个……太荒诞了吧，蔬菜有手机，真有人想得出来这么一个说辞……”又有人开始不解。这时小卓双手交叉在胸前，胸有成竹地说道：“萝卜白菜呀！萝卜白菜，各有索（所）爱，索爱手机嘛！”

……

一番猜答后，他们又玩起了成语接龙的游戏，第一个人说一个成语，后一个人就要以第一个成语最后的一个字为开头说出另外一个成语，依此类推，所要接的这个字只要音似就可以。第一个成语是“千言万语”，后一个接的是“语重心长”……

后来，大家没话找话，相谈甚欢。这个聚会自然是热闹非凡。

【剧析】

在这个朋友的聚会上，小卓是主角，到场的也都是她请来的朋友。可是，朋友与朋友之间并不认识，如果大家都不说话，那么就会冷场，凸显尴尬。

想要打开局面，就要善于没话找话，小卓把大家介绍给彼此认识后，大家不能立马进入话题的讨论中，她向大家敬酒，说了一句玩笑话，逗乐了大家。那句“你们将来也会成为很好的朋友的，只是到时候别忘了我这个最初引荐的朋友啊！”无疑是在帮大家牵线。

为了避免这是自己一个人的独角戏，小卓环视在座的朋友，希望可以找到一个可以把话题接下去的朋友。而小张心思缜密，做了一番合理的分析，担当了这个重任，说了句“好啊，那我要献丑了，只是大家要各自讲一个自己觉得比较好笑的幽默笑话，不能总让我一个人讲啊……”这承接了小卓的建议，让话题得以继续。

所以说，饭局上要避免冷场，就要把话题的讨论持续下去，还需要多方人员的配合，一个人独演独奏是成不了什么大的轰动效果的。不管是作为首当其冲的暖场者还是后面的响应者，积极主动一点，这场子才不至于太冷。

【引剧论法】

在这个饭局上，小张的思量不无道理，大家还没有熟识，彼此的学识、爱好、家庭背景、价值观、职业都是不清楚的，在和对方说话的时候，就不能不有所顾虑。比如，如果对方的学历比较低，就不可以随口问：你是哪个名牌大学毕业的……

那些浅显寻常的大众话题有助于轻松开场。比如大家可以一起猜谜语、讲笑话、成语接龙……

当然还有一个万能的话题，那就是问对方的家乡在哪里。一方水土养育一方人，对方对家乡的亲切感也会转移到问话者身上少许。何况老家的那些事都是对方所熟悉的，一定可以激起对方交谈的欲望。

如果有雅兴，懂得享受生活，可以从周围的环境中寻找话题。比如墙壁上挂的字画、窗户上的装饰、天花板的构造、饭菜的味道……

话题开好头后，就可以随机应变，围绕着彼此感兴趣的事物继续下去。

Tips：

▼发现尴尬、冷场苗头，立即寻找话题。

▼如果话题对方不感兴趣，立即更换下一个话题。

▼实在没话题，就说吃。

▼接上一位的话题，试着继续。

实话实说，让对方感受到安全感

在很多人看来，会说话的含义更多是指嘴巴上的圆滑，话挑好听的说，“不好的话”不说，在实话可能“不好听”的情况下甚至不惜用谎言去迎合对方的听觉，把对方的缺点说成优点，黑的说成白的，坏的说成好的，苦的说成甜的，最大可能给予对方听觉上的舒适与愉悦。的确，与人交往的过程中这样做可能不会得罪人，看似保险的做法但却未必能够交到真朋友，真正地让自己走进对方的内心，让对方正视自己，看重自己，尊重自己，与自己交心。

另外，还有很大一部分人会在与人交往过程中进行自我保护或自我包装，不想让自己在别人面前太透明，或者太卑微，所以便会将自己隐藏在谎言之下，自以为自己做得游刃有余，殊不知当谎言成为习惯，反而弄巧成拙。

换个角度来看，你愿意与一个嘴上没实话的人真正交心吗？恐怕只会保持表面的和谐与客套，内心始终拉着一道防线吧。

所以，实话也许不如谎话好听，但也不失为一种行之有效的攻心语言技巧。

【小短剧】

“杨姐，新做的发型吗？”

“对啊。”

“好漂亮哦，最近就是很流行这种大卷，很显气质。我也想去做。”

“杨姐，这件衣服好配你哦。今年流行什么颜色，看杨姐就知道了，杨姐就是时尚界的流行风向标……”

“就你嘴甜。”

“真心话，我也要买件这个颜色的。”

“杨姐”是公司同事对她的尊称，虽然只有三十出头，却出类拔萃，已经做到了公司高层，所以平日里身边对她恭敬的人很多，巴结的人也很多。每天这样的对话会经常出现，尤其是新来的几个实习生，紧盯着目前空缺的杨姐助理位置，一个个小嘴跟抹了蜜一样，时不时地就上来腻一嘴。

多数情况下，杨姐也会有一句没一句地与她们搭话，有时也会一笑置之。

对于她们的话，杨姐只听三分，尤其是奉承的话，她从不当真，因为只要稍稍留意就会发现：过了几天，夸你烫大卷漂亮声称也要烫的女生做了个直直的离子烫；说你衣服颜色漂亮要跟随你买同色衣服的女生买了件截然不同色系的衣服……

那么，谁是做自己助理的最佳人选呢？杨姐心中已经有了一个人选。

小迪是诸多实习生中来得比较晚的一个，长相不算出众，能力也不拔尖，话也不多，但却踏实肯干。像她这样的人本来是十分不起眼的，但不经意的几次对话却让杨姐留意到了这个特别的小姑娘。

“对不起，我错了，我睡过头了，我保证再也不迟到了。”相对于迟到时其他员工为自己找各种理由，这个小姑娘的实诚一下子就让杨姐记住了她。

“杨姐，老实说，我觉得年会您还是不要唱歌了，节目单里已经有百分之八十都是歌曲了，不如来和我们一起表演手语舞吧，来做我们的颜值担当。”当所有人都起哄说五音不全的杨姐唱歌好听，让她报独唱时，小迪却私下委婉提议让她参加几个同事准备的手语舞。

“杨姐，我觉得短发可能更适合你，会拉长脖颈线条，这样既露出了漂亮的脖子，人也显得十分干练。”

……

慢慢地，杨姐越来越喜欢这个小姑娘了，私下里穿着打扮喜欢询问她的意见，工作上也喜欢差遣她。虽然还没有明确宣布谁是杨姐助理，但小迪在做的已经是助理的工作内容了。

【剧析】

对于故事中的杨姐来说，她是一个有着丰富社会阅历的人，年纪轻轻能够爬上公司管理层的位置，除了工作上的能力之外，必然还有识人阅人之术。是真心还是假意，也许在对方话说出口的那一刻，她的直觉已经在告诉她答案了。况且只要稍加留意，她就可以通过对方的行为来印证自己的判断。

面对职场中这些带着奉承意味的谎言，以杨姐在职场摸爬滚打多年所修炼出来的智慧与境界，她不会在意，更不会去计较。她已然成为一个聪明人，即便是谎言，好听的话就听了，不放在心上；只要不触碰大的原则，也不去较真，一笑而过。

当然，对于这些人，她也不会深交，因为这些话说得太漂亮的人往往让人感觉“虚虚实实摸不透”。相比之下，与小迪这样的人交往就显得简单许多，做错事不为自己找借口，看到别人的不足敢于提出来，而且最重要的是——委婉地提出来。

不说“你唱歌不好听”，而是唱歌人太多，换个特别的节目；不说你长发显得脖子短，而是短发更可以突显脖子线条美。既避免了他人的尴尬，也让人比较容易接受。

【引剧论法】

谎言从来都不是独行者，一个谎言往往能够引发一连串的谎言。谎言有时像毒品，会让说谎者不自觉地上瘾，慢慢地说谎便成为了张口就来的习惯。就好像最简单的打招呼，“你的发型很漂亮哦”、“衣服哪里买的，颜色很流行呢”，刚开始可能还需要酝酿，久而久之，类似的话，张口就来，根本不需要思考。渐渐地，谎言会从打招呼这种小事延伸到工作或生活的其他方面，因为习惯使然。

其实对于这种现象大家都心知肚明，都是抱着“听听就好，不必当真”的态度。越是当它成为一种风气，“实话实说”便显得尤为可贵。

人们都喜欢一句话叫“君子之交淡如水”，但是在现在这个社会，淡如水的交情显然不实用。

况且，实话未必就一定不好听，关键要看怎么说。

Tips：

▼能令对方深信的，对于对方来说，那就是实话。

▼扬长避短，揭短的同时，用长处遮掩尴尬。

▼因人而异，有些人可以开门见山，有些人需要绕个弯子。

▼注意场合，单独交谈可以最大限度避免尴尬。

▼选择说话途径，不碰面，用文字说话更柔和。

牢记对方的名字，并喊出来

名字是一个人行走世间的标记，是区别他人最简洁、明快的标签。名字，是父母亲人赐予的第一份礼物，也是最能彰显个人特色的大招牌。大部分人都在意自己的名字，很少有人对自己的名字不感兴趣。

著名的奔驰汽车就是以发起人卡尔·奔驰先生的名字命名，全球三大计算机硬件制造商戴尔公司是以创办人迈克尔·戴尔名字命名，中国古代流传至今的孔明灯、薛涛纸、轩辕车等也都是以人名命名。可见，名字在人们心目中的重要性。

戴尔卡耐基说："一种既简单又最重要的获得好感的方法，就是牢记别人的姓名。"在人际交往中，在恰当的时机、场合下，能准确叫出对方的名字，并喊出来，无疑会迅速拉近彼此距离，瞬间赢得好感。

【小短剧】

刘珊明天就要到新公司就任人力资源部经理了。俗话说"新官上任三把火"，管理工作要有新突破，而良好的人际关系又是高效工作有序开展的基础。

她想起8年前初入职场的窘境：一踏入公司大门，就被宽敞明亮、整齐有序的职业化办公环境所震慑。于是，在接下来和部门同事认识时，她只顾忐忑不安和担心自己表现不好，完全不记得同事的姓名。以至于在午间吃饭时，有个同事和她打招呼，她竟然把小赵叫成小邓，弄得对方尴尬不已，使得后面两人相处都别别扭扭的。

有了这次教训后，刘珊特别注意“记住别人的名字”。

据说新公司部门有四个人：招聘专员林萍，培训专员郑小念，绩效专员魏玉磊，员工关系专员秦杏之。

招聘专员林萍她见过一次，是个眼睛大大、圆脸庞的姑娘，很是热情活泼，似乎叫“萍萍”的都是热心肠的姑娘。

其他人呢，都会是什么样人？是否好相处呢？

刘珊决定先从牢记他们的名字开始，在工作手册上一一写下来，准备明天结合个人面貌特征去认识和记住他们。

第二天，一进办公室便看到林萍已经在位置了，刘珊打招呼道：“早，林萍！”

“早！刘经理！”林萍惊奇地抬头，回应道。

……

于是，刘珊开启了新公司愉快的合作模式。

【剧析】

现代职场中，越来越多的新生代力量加入进来后，改变了以往“论资排辈”式的职场排名模式，人际关系的重要性越来越凸显。如果同事、上下级之间相处和谐、愉快，工作起来会事半功倍。反之，若是没有处理好职场人际关系，不仅会使工作变得枯燥、乏味，甚至会影响到工作进展。

面对新工作，刘珊自然希望能够尽快融入团队，和每一位团队成员建立良好关系。鉴于初入职时所犯的错误，她在和新同事见面前就要做足功课，以避免再次出现叫错名字的尴尬，影响以后同事间关系。

因此，她提前了解每一个人的岗位：招聘专员林萍，培训专员郑小念，绩效专员魏玉磊，员工关系专员秦杏之。将岗位和名字对应，牢记每一位同事的名字，并思考如何建立良好第一印象。

在第二天见面，她能大声地喊出对方的名字时，新同事自然都惊喜不已，对新领导的好感也油然而生。

对于林萍来说，第二次见面就能被亲切地喊出名字，她觉得自己很被新领导重视。她会觉得新领导对她印象深刻，且评价不低，自然对刘珊生出好感。

当然，假设若是被叫成“小林”或者“邓萍”后，估计好感会打折很多。

所以，照刘珊这样用心去营造新关系的相处模式，通过牢记对方的姓名，并在合适的时机喊出来后，这样便顺利开启她愉快的新工作之旅。

【引剧论法】

在这里，刘珊运用记录和联想的方法，通过牢记对方的名字并大声喊出来的举动，赢得了新同事的好感，和他们建立了良好的办公室人际关系，奠定了高效的工作基础。

名字作为一个人最简明扼要的特征，是开启对方注意力的一把金钥匙。在和新朋友相识时，牢记对方的名字，并喊出来，可以说是被无数人实践过的一种行之有效的方法。

而对于很多人来说，都经历过忘记别人姓名的尴尬，或遭遇过被人叫错姓名的无奈。被叫错姓名，无形中就会给人一种被轻视的感觉，是对人的一种伤害，是非常不符合礼貌原则的行为。

那么，如何才能准确牢记别人的名字呢？

法兰西国王拿破仑三世曾经说过，“我可以记住我所见过的每个人的名字”。他是如何做到的呢？他智力超群、过目不忘吗？不是的。一方面，他深刻理解牢记别人名字的重要性，另一方面，在别人介绍自己时他会专心聆听，并在听不清时立即说：“十分抱歉，我没有听清你的名字。”这时对方会再说一遍，就加深了记忆。

若是能提前知道对方的名字，不妨把这个名字写下来。俗话讲：听过不如看过，若名字写下来再看到的话，记忆起来比听一次印象更深刻。

有时会遇到一些比较生僻的名字，或者不太好记忆的，这时可以使用联想记忆法。发挥想象力，结合对方的相貌、衣着、职业等显著特征或者名字的谐音，不仅记得快而且印象深刻。如案例中所述：培训专员郑小念，做培训的就要念叨不停，“正在小念的培训专员”就是郑小念；经理赵胤炯，找一个像赵匡胤皇帝一样炯炯有神的经理。

在记住了别人的名字后，就要学会应用。掌握好合适的场合，在和对方见面时，抓住机会喊一次他的名字，通常都会迅速拉近彼此间的距离。在认识初期交流中，多使用对方的名字，表达对他人的尊重和认可，互有好感的第一印象建立后，良好的人际模式便自然开启。

Tips：

▼提前做好功课，若有必要，提前回顾对方的名字。

▼专注听别人的自我介绍，重复跟读对方的名字。

▼使用联想记忆法记下对方的名字。

▼交流中尽可能多地使用对方的名字。

试着与对方分享你的“内心”

当你心情不好、郁闷压抑的时候，你通常会采用什么方式去释放呢?

喝酒？购物？唱歌？敞开了玩还是其他方式？

对于如何解压，不同的人会采用不同的方式。但有一种方式很多人都在用，那就是找闺蜜诉说。当你向闺密说出你心中的不快，也就是心里话后，你的心情通常会轻松很多。但你有没有发现，当闺蜜听到你向她诉说心里话后，她会更加关心你，与你的关系更进一步，会更加把你当成知已，甚至有时会向你诉说她的心里话。为什么呢？

原因是当对方听到你向自己诉说心里话后，她会觉得你把她当成了“自己人”，没有对自己隐藏什么，所以她觉得，也应该向你敞开心扉，与你深入交流沟通。

【小短剧】

有这样一个饭局，在场的人有某省政府办公厅的张处，某集团的李总和业务员小刘，以及张处的朋友施先生。饭局开始，大家互相介绍寒暄之后，便开始边吃饭边聊天。

小刘：“张处，从您一进门我就感觉您非常慈祥，气宇轩昂，很有气场。这一介绍果然没错，我敬您一杯，您随意，我干了。”

张处没有太大的反应，只是简单地说："过奖过奖，我酒量不行，咱先吃点吧。"小刘站起来端起的酒杯，被张处拒绝了，只能尴尬地放下酒杯坐下。

施先生可能感觉到气氛有些尴尬，于是招呼说："来来来，先吃饱，一会儿我们好好喝点。"接着大家开始继续聊天。

李总正好坐在张处的左边，转头说："张处，我是一个很内向的人，不善于交流。最近我一直在想一个问题，人一辈子辛辛苦苦争名争利，到底是为了什么，有时候越想越糊涂。"

张处："我在政府机关工作了大半辈子，见过很多人，经历过很多事，你想的这个问题，其实多年前我也在想，人呢……"

就这样，张处和李总开始说起了悄悄话。

【剧析】

有人说，会说话的人懂得恭维，会拍马屁，因为这样会让对方感到愉悦。其实并非如此，会说话不仅仅是恭维和拍马屁。如同案例中的小刘，他向张处说的话显然是一种拍马屁，但可以看出，张处并不喜欢，小刘敬的酒也没有喝，这里可以理解为张处已经对小刘产生了一种厌恶。

李总与张处的说话很有意思，李总没有拿兴趣爱好为话题，也没有拿时事新闻为话题，而是拿自己的"心里话"为话题，成功打开了张处的心理，从而进入了良好的沟通状态。心与心的交流是一种深层次的沟通，最能打动人心，也最能赢得人心。通常发生在闺蜜与闺蜜或熟悉的人之间。之所以在陌生人之间难以发生，是因为陌生人彼此心中都会有一种戒心。不管是求人者，还是被求者，抑或是两个平等状态的陌生人，都很难做到放下戒心。

对于求人者来说，他说话的时候会担心对方会不会不爱听，会不会不合对方的“口味”；对于被求者来说，他会担心对方会不会欺骗自己，会不会忽悠自己，会不会让自己掉入陷阱；在这种状态下，彼此都是怀着戒心来说话，所以很难拉近彼此之间的距离。

【引剧论法】

显然，试着与对方分享自己的“内心”可以快速接近对方，但不是每个人都能够做到，而是要经过修炼提升，才能完全放下心中的戒心，向对方恰当地展示自己的内心。

分享“内心”是一种有技巧的说话方式，把握技巧，会起到事半功倍的效果，否则便会事倍功半。比如有一个朋友，自己养了10年的狗突然病死，心里很难过。这天他去拜访一位大客户，领导说要拿下这个大客户，必须走进其内心，与其进行心与心的沟通。这位朋友铭记领导的叮嘱，见到客户后说：“唉，前几天我养了10年的爱犬去世了，那只狗真的是太可怜了，没有征兆的就死了。”说着说着自己也快要哭出来了。

客户听了之后说：“哦，真的很难过，要不你先回去，改天我们电话再约吧。”这样的分享“内心”方式只会让对方觉得你是在打感情牌，是在装可怜，不但不能更好地接近对方，反而会让对方的戒心更重。

分享内心不是装可怜，不是诉说糟糕的事情，更不是示弱，而是平等地与对方进行心灵与心灵的沟通，话题一定是要“中性”的。

Tips：

▼鼓起勇气，先打开自己的内心，才能打开对方的内心。

▼话题最好带有探讨性或哲理性，切忌转化为“感情牌”。

▼如了解对方，可选择一些对方感兴趣的话题。

来点幽默，让对方喜欢上你

幽默和沉默就一字之差，而人生境界却有着天壤之别。幽默是打破沉默、化解尴尬、活跃气氛的最佳利器。幽默的人在社交场合，仿佛是自带光环，无形中就会成为人群中的焦点。俗话说“笑一笑，十年少”，谁会不喜欢一个让自己笑口常开的人呢？而在西方，没有幽默感，简直像没有信用卡一样举步维艰。

但幽默不是演滑稽戏，摔个跟头扮个鬼脸，逗大家哈哈一笑。幽默体现的是丰富的阅历、豁达态度和随机应变的能力。

生活中的你，身边一定会有幽默的人，而你在喜欢并羡慕他的时候，有没有想过，幽默其实并不是天赋异禀，而是可以通过学习、锻炼，并逐渐掌握的一种说话技巧。世上无难事，只怕有心人，如果你也想做个幽默的人并让大家喜欢上你，就抓紧行动起来吧。

【小短剧】

小高和小朱是5年前同时进入一家报社的两名年轻记者，他们都很勤奋，工作也都挺有业绩。小高名牌大学毕业，高大帅气，称得上单位的颜值担当，但平时不大合群。而小朱从学历和外貌来说，相对普通，但他为人幽默诙谐，人缘很好。最近，小高和小朱竞争一个采访部门副主任的职位。单位举行了竞聘会，他们俩先后发表了竞职演说。

小高的演讲中规中矩、四平八稳，讲了过去写过什么稿件，稿件获得过哪些新闻奖项，然后如果竞聘成功，将会怎么做，一二三四罗列下来，讲完以后，台下的领导和参加投票的同事，给予了礼节性的掌声。

轮到小朱演说时，他上台第一句话就把大家震住了："尊敬的各位领导各位同事，大家下午好，经过我们大家的共同努力，报社工作开展得有声有色，取得了'死人'的成绩。"

此话一出，在座的都很吃惊。但大家也都很快反应过来，小朱的普通话不是很标准，他肯定想说的是"喜人"的成绩。但听他这么突兀地念出"死人"两个字，还是难免有些别扭。

而小朱也马上意识到了这个问题，并第一时间做出了反应，"对不起大家，我太紧张了，刚才漏念了一个字，是取得了'乐死人'的成绩"。这时，台下哄堂大笑，总编辑一边笑，一边还嘀咕了一句"这小子"。

有了这个小插曲暖场，小朱的演说更加自如，他用他特有的幽默诙谐，讲述了一些重点稿件的采访过程，竞聘现场不时响起笑声和掌声。

而最终这次竞争上岗的结果是，小朱以较大的优势取得了胜利。

【剧析】

当然，我们肯定不能说，小朱是靠竞职现场的一句幽默，赢得了职位，但这句幽默，无疑给他加了分。

"喜人的成绩"念成"死人的成绩"本来是一个意外，这个意外也造成了现场的尴尬。如果小朱就当什么事情也没发生，埋头把竞职演说继续下去，肯定也不能说他错，因为本身这就是一次无心之过。

但他现场的一句幽默补救，不仅化解了尴尬的气氛，还活跃了现场气氛，向大家展示了自己遇事从容、随机应变的能力。

生活中，我们经常会遇到一些这样的意外，也会让自己像小朱一样，被推上一个尴尬的境地。这时候，我们不妨也学习一下小朱，用幽默化解尴尬，摆脱困境。

一辆飞奔的公交车上，一位小伙不慎撞到了一位姑娘身上，姑娘以为是碰到咸猪手了，脱口而出“德行”，这时候你不解释，那是默认了，正常解释又可能被认为是狡辩，而故事中的小伙反应很快，他说“这不是德行，是惯性”，一句幽默解释了原因，化解了危机。

尴尬情形尤其需要幽默精神，遇到尴尬，我们一定不能想着逃避或者忙着自责，而是要理清思绪，找到合适的切入口，用一句“脱口秀”，让自己“起死回生”。

【引剧论法】

在业绩相当、颜值和学历却不如对手的情况下，小朱借助幽默的一臂之力，赢得了一次职场竞争。而幽默的意义，远远大于赢得一次竞争，幽默能让人与人之间的关系更融洽，让生活更有乐趣，那么如何让自己谈吐幽默，让大家喜欢上你呢？

首先，要善于学习和储备，从身边幽默的朋友那里学习，从书本、影视剧中学习，观察他们怎样使用幽默，怎样的情景下怎样说话才是幽默。还可以从一些网络流行的段子中学习，比如一个段子说员工和老板在 KTV 中唱歌，一个员工不小心切了老板的歌，这个员工立刻说：“对不起，老板，我还以为是原唱呢。”如果我们生活中遇到类似的情形，不妨先拿来借用一下。

其次，要注意场合和分寸，幽默从来就不是刻意表现出来的。特别是在多元文化工作场合一定要谨慎，不要弄巧成拙，给人留下卖弄小聪明的印象。比如我们假设那句“取得了死人的成绩”是领导在一次年终总结时念出来的，而这时有人站出来说，领导漏念了一个字，其实他想说的是取得了“乐死人”的成绩，后果可想而知。

最后，要知道幽默是带给人欢笑的，要懂得尊重别人的感受，可以“自黑”，但不能通过嘲笑别人来让大家发笑。《疯狂动物城》里朱迪警官说得好，“只有兔子才能管兔子叫作小可爱，其他动物不行”。

Tips：

▼遇到尴尬时，学会用逆向思维，“脑筋急转弯”，找准幽默的“上场时机”。

▼从生活中的点滴小事开始，开口展示“幽默”，允许自己在尝试的时候犯错。

▼说幽默的话时，不妨配合一下表情和肢体语言，效果会更好。

自嘲，放松对方的“心”

在生活和工作的人际交往过程中，有时候我们为了能够更好地与他人相处，赢得对方的信任和支持，深入地与对方进行交流，就需要“自己嘲笑自己”一番，这个时候其实就是在拿自己的短处展示给对方，让对方在交流中放松警惕和陌生感，减少彼此的隔膜。

幽默一直被人们称为只有聪明人才能驾驭的语言艺术，而自嘲又被称为幽默的最高境界。把自己的糗事、短处拿出来调侃，博得对方一笑，虽然对于自身来说是降低了自己的身份和地位，使自己处于尴尬境地，但是在和初次见面的人或日常交往中，却可以充分获得他人的好感，让对方感受到你是一个非常容易接近的人，增加交流的幽默性，从而使沟通变得更有效、更自然、更放松。

【小短剧】

小高是一家日化公司的销售经理，最近签了一个大客户，要到外地出差一星期。临走前，妻子小梅不太开心，一来是因为一周见不到老公，二来是担心老公会不会趁出差在外面拈花惹草，听到周围很多同事说很多男人都是在出差时出轨的，小梅心里越想越不放心。

这时，老公小高已经收拾完行李了，看到老婆闷闷不乐，安慰道："亲爱的，我就出去一个星期，很快的，在家照顾好自己哈。"这句话本来没什么，但对于小梅来说就是危险信号。想到同事的话，小梅终于忍不住了，对老公小高说："老公，要不我和你一起去吧，既可以出去陪着你，还可以顺便照顾你，我也不用天天在家为你担心啦。"

小高听了之后很惊讶，自己虽然经常出差，但都不太远，基本上当天就回来了，这次确实时间比较长，但是这次是个大客户，公司比较重视，不能出一点儿差错，老婆如果跟着去了，自己既不能专心工作，也不能照顾好妻子，于是对老婆说道："老婆，知道你关心我，但是这个客户对公司来说非常重要，我必须认真对待。你还是在家吧，下次我带你出去玩儿，好吗？"

小梅这下不高兴了，对小高大吼道："说是去出差，去见什么大客户，谁知道会不会是去约会，还不让我跟着，明显是做贼心虚。你走吧！”

小高知道老婆对自己不放心，但是自己真的是去出差。如果这样一直跟老婆解释争吵，只会把事情越搅越浑，最后两个人弄不好不欢而散，不但工作做不好，而且可能还影响家里的关系。

于是，小高拉起老婆的手说道：“老婆，我知道你是对我好，但是你看像我这样，还没有进化完，要长相没长相，要个子没个子的，放在动物园里人家可能还以为是猴子呢！谁会稀罕上我呢，对吧。”

听到这儿，小梅“扑哧”一声笑了起来，说：“也是，长得这么让人放心，那你记得给我打电话，在外面照顾好自己，工作完了赶紧回来。”

小高把老婆拥入怀中，细声说道：“放心吧，老婆，我还等着回来让你收拾我呢，嘿嘿……”

【剧析】

在这个短剧中，小高因为要出差，需要到外地工作一个星期，这也是工作的需要。但是由于妻子听说别人在外出差的一些事，担心自己的老公会在外“拈花惹草”，始终对自己缠着不放。

想要化解妻子的疑虑和担心，必须要让她放心。如果一味地在她面前解释，说大道理，不但效果不好，可能还会引起她的抵触，让她更觉得小高“有问题”，刻意在解释，隐瞒自己。最后的结果只能是不欢而散，两个人吵得不可开交。其实在生活中，两个人不管是友情、爱情还是亲情，有时候可能只是没有解释好，彼此不信任，使得彼此的感情受到伤害。

为了维护好家庭的和睦关系，也为了能够让妻子理解自己，明白妻子对自己的关心，小高并没有和妻子针锋相对，也没有埋怨妻子无理取闹、无事生非，而是从对方角度考虑问题，知道对方的疑虑所在，为了放松妻子的内心，小高巧妙地运用了自嘲，说自己长相一般，“还没有进化完成”，这样一来，虽然是拿自己的长相逗笑，贬低了自己的长相，但是也从侧面反映出了自己“不会拈花惹草”的一个条件，那就是相貌问题，自己没条件。这样的一个相貌自嘲，既让妻子明白了自己的良苦用心，也用一个小幽默成功地避免了一次夫妻间的“战争”，既让妻子安心在家，自己的工作也能够顺利地展开。

所以说，在日常的生活和交际过程中，遇事可以换一个角度，从自己的短处出发，一个小的调侃，可能就会瞬间化解尴尬的场面，把交流环境变得轻松自然，放松对方的“心”，使交际变得更有效，这样就可以使人际关系越来越佳。

【引剧论法】

在应付妻子对自己出差担心的问题上，小高做法很实用，也考虑得很细致。他首先明确如果还是停留在这个话题上不断地解释，不断地争吵，可能使事情变得越来越糟。

这个时候，小高自然而然地转移了话题，把问题的中心从担心出差转移到自己的相貌上面，拿自己的相貌说明问题。妻子担心小高出差会“拈花惹草”，小高巧妙地拿自己的长相调侃，表明自己的长相没这个条件，直接解决了妻子担心的问题，而且又博得“红颜一笑”，成功化解了僵局。

因此，在日常交流中，自嘲也要注意说话的场合和时间点，在恰当的语境中，在合适的节点上，拿与现场情况有关联的自己的某一个短处进行调侃，这样才能使交流变得自然放松。

Tips：

▼确定自己某个短处是否与场景、话题相关，巧妙引出。

▼自嘲调侃时要有弛有度，注意分寸把握，不要适得其反。

▼注意自嘲的短处，切勿与场景中的某个人相似，如身高等。

第三章

没有打动不了的人，只是语言礼仪不见了

主要症状：你说你的，对方做对方的，对你不在意，甚至视而不见。

对症下药：注重个人修养，礼貌性的语言是打通交流的万能钥匙。

说话带“礼”，听起来不怪

中国历来是礼仪之邦，三纲五常中的“仁义礼智信”就包含了一个“礼”字，孔子说“不学礼，无以立”。而《晏子春秋》中说得更直白，“凡人之所以贵于禽兽者，以有礼也”。

而在现代社会中，礼貌仍最能体现一个人的修养。彬彬有礼、谈吐大方会给人好感，总是到处受欢迎，得到别人的尊重。而一个言语粗鄙、浑然不知礼为何物的人，大家往往退避三舍，不愿与他交往。可以说礼貌就是一个人最好的服装，而恰当妥帖的语言无疑是打通人际沟通的一把万能钥匙。

【小短剧】

张女士买了套二手房，重新装修后刚刚入住，小区地处市中心，闹中取静，里面的绿化、物业也很好，她感觉很满意。

一天傍晚，她在小区散步，看到一个女人带着个两三岁的孩子在玩，她想着要搞好邻里关系，以后遇到事情也好有个照应，就上前打招呼。

她走过去第一句话就问：“带孙子出来玩啊？”

对方愣了一下，说：“哦，我是孩子妈妈。”

张女士说：“我还以为是孩子奶奶呢，你要孩子可够晚的，那孩子爸爸呢？”

对方说：“孩子爸爸不跟我们在一起。”一边说着，一边就要拉着孩子走。

张女士紧走了几步也跟了过去：“那他出差了吗，到哪儿出差的啊？”

对方不耐烦地说：“我们离婚了。”

张女士睁大眼睛说：“孩子还这么小，好好地干吗要离婚？”

对方装作没听见，面无表情地逗着孩子玩。

张女士依然不肯罢休：“到底因为什么啊，是不是他有外遇了啊？”

对方终于忍不住了：“你是谁啊，我们离婚是我们的事，离不离，跟你有关系吗？”说完，就拉着孩子气呼呼地走了。

【剧析】

本来想跟邻居套近乎，却碰了一鼻子的灰，张女士自己可能还觉得冤枉。其实，她不知道，就是她那么几句话，把人家女邻居气了个半死，而原因就在于她不懂得说话的礼节。

第一句话就问“带孙子出来玩啊”，如果对方真是奶奶或者姥姥，倒也可以接受，但人家是妈妈，就会觉得是在说自己老，而女人是最怕被说老的。现在高龄产妇越来越多，见到中年女人带着孩子，就说人家是奶奶或姥姥，很有可能出错。而且与人说话，“逢人减岁，遇货添钱”，本已成了屡试不爽的“黄金定律”。

接下来的对话中，张女士错得更离谱，对方很明显不想谈孩子爸爸，她却刨根问底，还问人家到底为什么离婚，明显是在揭人伤疤，最终把人问得火冒三丈、拂袖而去，张女士也算是“无知者无畏”了，她的无知就是完全不懂得尊重对方的隐私。

张女士要真想给邻居留一个好印象，就应该懂得不要“交浅言深”。她可以先夸孩子可爱，说说孩子的事，所有妈妈说起孩子都会滔滔不绝。她还可以抱着“初来乍到，请多指教”的态度，问附近可以到哪儿买菜，出门到哪儿坐车比较方便，相信这样，她们也不至于第一次见面就不欢而散。

【引剧论法】

礼貌体现人的修养，礼貌的习惯却非朝夕之间就可以养成，那么，在与人谈话时，我们需要注意哪些呢？

首先，我们要熟知基本的礼节和谈话禁忌。基本礼节比如，见面打招呼要说“你好”，人家帮了你要说“谢谢”，道歉时要说“对不起”，如何尊称别人和谦称自己等。说话禁忌第一要回避隐私，不要问女人的年龄，不要问同事的薪水。第二别言语粗俗，别说脏话，出口成“脏”的人谁都讨厌。第三要避妄语，对于满嘴“跑火车”的人，听者心里多是暗暗嘲笑。第四要避忌讳，忌讳因人而异，比如老人忌讳谈“死”，不孕症女人忌谈孩子，每个人都有不想触碰的话题，需要话到嘴边先想一想。

其次，设身处地为对方着想是说话时最大的礼貌。一个拳击手在把对手打倒以后，上去说一声“对不起”，只会被对方当成侮辱挑衅而不是有礼貌。“你有没有信心得亚军？因为冠军已经是刘翔了。”“刚才的比赛你尽力了吗？”这是央视记者采访跨栏选手史冬鹏曾说过的话，对一个搞竞技体育的人来说这绝对是一个侮辱，如果记者能换位思考一下，她肯定不会这么问。

最后，谈话时的礼貌还要掌握好度。在不同时期的谈话要有礼有度，虽然礼多人不怪，但也要看在什么时候。比如刚入职时初次见面，对年长的同事，说话用“您”显得比较有礼貌，但时间长了，还是一直说“您”反会显得生疏和矫情。礼貌的度还体现在对上级的态度上，对上级要尊敬，但也要不卑不亢，程度过了，就成了阿谀奉承，溜须拍马。

Tips：

▼不要觉得彼此很熟，就可以忽视礼节。

▼保持恰当的讲话距离，别把唾沫星溅到人家脸上。

▼和人讲话时，不要有挠痒痒、挖耳屎等小动作。

▼与异国或少数民族朋友讲话时，要尊重他们的习俗及礼节。

准确的称谓不能少

2015年年底上映的电影《老炮儿》中，开头时有这样一个场景，冯小刚所扮演的老炮在门口逗鸟，胡同里一对年轻的情侣骑着一辆自行车经过，男的问：“我问一下新街口怎么走？”老炮一听就火了，他直接教训说：“出门前，家里人没教你怎么叫人吗？”虽然最后还是给指了路，但还是一肚子的不高兴。可见，和人交谈，尤其是初次见面，给对方一个合适的称谓是多么重要。

在日常生活中，称谓是交流的“敲门砖”，也非常有讲究，称谓用得恰当，可以让对方第一时间接受，谈话有个愉快的开始。而称谓如果用得不恰当，则可能第一时间就把对方给惹毛了，使谈话和交流陷入尴尬的境地。

【小短剧】

方进在一家广告公司做文案策划，有一次，部门经理让他拿着一个文案到一家大学的传播学院中，让教广告学的钱小明老师给出出主意，钱老师在当地的广告圈很有名气，做的几个策划在当地很成功。

方进直接拿着文案找到了这位老师的办公室，办公室里当时坐着好几个人，他进门就大声问：“请问，钱小明是哪一位？”

钱小明当时正好在办公室，他抬头应了声说：“我是钱小明。你找我有什么事？”方进忙说：“钱教授，久闻您的大名，我有件事想请您帮个忙。”结果对方说：“我就是个普通的讲师，水平也很有限，我不知你要我帮什么忙，但估计帮不上。”说完就推脱有事，走出了办公室，把方进晾在了那里。

方进回来跟人打听，这个钱小明的确是个讲师，虽然他很有才华，但也比较有个性，特别抵触评职称那一套体制内的繁文缛节，不屑去争取教授的名头，当然也就不喜欢人家叫他教授。

【剧析】

方进在找钱老师帮忙时，犯了两次称谓错误，最终碰了一鼻子灰，事情也没办成。

首先在进门时，他不该直呼钱小明全名，在绝大多数的社交场合，直呼全名都是不礼貌的，因为说全名而不加任何称谓，隐含着两个意思，第一我们关系不熟，第二在我眼里你没什么地位。所以你看两口子好的时候，“老公”、“老婆”互相叫得很亲热，而一旦翻脸吵架，都是先怒呼全名，然后开始互相攻击，数落个没完。而钱小明是大学老师，在当地的广告圈还小有名气，这时候方进当着好几个老师的面，直呼其名，不知道的还以为是来找茬儿的，显然会让对方很不高兴。

而后来，方进在不了解对方职称的情况下，又给钱小明安了个“教授”的称谓，而且又是当众说了出来，这很明显也是不合适的。如果是两个人私下见面，恭维一下，或者是特别熟的朋友之间开玩笑，叫声“钱教授”倒也无伤大雅，起码对方不会怪罪。而当着其他老师的面这样叫出来，就会让对方觉得别扭，而且钱小明本来就对评职称的事有看法，这样称呼就等于触了他的霉头，所以也就怨不得他连要帮什么忙都没问，直接甩手走了。如果方进去见钱老师之前，能尽可能多地了解一下钱老师，他也许就不会犯这个错误。

【引剧论法】

怎样在人际交往中给对方一个恰当的称谓，让对方第一时间接受你呢？

首先，称呼时要注意对方的身份和职业。称呼领导或上级通常是姓名加职务或者职称，在对方身兼数职时，就称呼最高或最重要的职位，除非对方专门交代过要怎么称呼。对不同的职业也有不同的称呼，对医生喊“大夫”，对文艺教育工作者喊“老师”，对体力劳动者喊“师傅”，对公务员、解放军、民警一般称“同志”，对德高望重的老人要称“某（姓）公”或者“某（姓）老”。当然对不同职业的称呼也并不是一成不变的，比如“同志”、“师傅”用的越来越少，称呼年轻人越来越多用“帅哥”、“美女”，而不管他（她）是什么职业。

其次，称呼时要考虑地域性，要注意入乡随俗。比如山东、河南等北方地区，有时会喊好友“伙计”表示亲热，而在南方伙计是指雇工。北方喊“小妹”是对年轻女子的一种友好称呼，而在南方，小妹是指服务员或刚入职的新人。

最后，称呼女性特别有讲究。称呼女性时要看对方的年龄、婚姻状况、身份等，稍不注意，就可能引起对方的反感。在年龄上，最好把对方往小了叫，比如你本人20岁，见到一个三四十岁的中年女人，你叫她“某（姓）姐”肯定比叫阿姨更能让对方开心地接受。另外，“小姐”这个称呼因为和失足妇女联系在一起，社交场合尽量不要使用，可以用“女士”代替。

Tips：

▼无称谓的话尽量不说，如“喂”、“哎”、“穿黑衣服的那个”、“嘴里叼着烟的”。

▼和多个人同时打招呼时，一般顺序是先长后幼、先疏后亲、先上后下。

▼称呼要注意场合。如爸爸是老师，学校要叫老师。

“谢谢”二字很重要

在各种颁奖典礼上，我们听到最多的两个字无疑是“感谢”，获奖人热泪盈眶，手拿奖杯，嘴里说出一连串的“感谢”，感谢含辛茹苦的父母，感谢相濡以沫的妻子（丈夫），感谢一起奋斗的团队，感谢相互扶持的朋友，感谢带来无尽欢乐的孩子……

而在中西不同国家的教育中，教会说“谢谢”，总是父母给咿呀学语的孩子最早的人生教育。“谢谢”这个词是有魔性的，它能让交流更顺畅，人际关系更和谐。美国佛罗里达州立大学的一项调查研究则表明，简单的一声“谢谢”对致谢人和被感谢的人都有好处，它能让彼此间加深感情，认为值得给对方更多的帮助，从而形成一种良性循环。

【小短剧】

小姜是一家公司人力资源部的职员，负责对新人进行培训，最近公司又新进了一名女见习生叫楚楚，是个“95后”，大学应届毕业生。

第一天，在带着楚楚参观公司，并引见相关的领导、同事，熟悉职工手册上的章程、纪律和注意事项后，已经快12点了。小姜就带着楚楚到公司的食堂就餐，因为楚楚的饭卡还没办好，小姜就帮着刷了，两个人坐在一起吃了午餐，吃完饭谁也都没说什么。

而接下来的几天，每天中午到了吃饭时间，楚楚都会到小姜的办公室门口等着，什么话也不说，但很明显，是等小姜带她去吃饭。小姜也不大好意思装没看见，只好每天中午都带着她到食堂，帮她刷卡买饭吃，每次吃完后，楚楚也都一声不吭，再跟着小姜回到办公区，同事打趣小姜收了个美女跟班，小姜也只是笑笑。

后来有一天深夜，小姜已经睡着了，被手机铃声吵醒，拿起来一看，是楚楚打过来的，她在电话里着急地说："你把我们公司的地址发过来吧，我刚才在淘宝上买了点东西，想寄到公司。"

小姜终于忍不住了，在电话里说："楚楚，我不是你哥哥，我没有义务帮你做这做那。"说完，就挂了电话。

【剧析】

女孩初入职场，往往会得到同事更多的关照，而楚楚却把人力资源部的小姜给惹毛了，这是为什么？

最重要的原因就是她没有学会说"谢谢"，对于职场新人来说，把"你好"、"谢谢"等礼貌用语经常挂在嘴边，是必备的职场入门礼仪。小姜带她忙前忙后一上午，虽是职责所在，但毕竟是在帮她熟悉环境、理清头绪，还请她吃了顿午饭，无论怎样，楚楚都应该心怀感激地向小姜道一声"谢谢"。

而楚楚不仅当时没有说"谢谢"，以后继续蹭午饭吃，也还是没有说"谢谢"。如果站在小姜的角度考虑，他一定认为这姑娘太不懂事。

虽说几顿午饭也值不了多少钱，对方又是个刚毕业的小姑娘，但事帮做了，饭请吃了几顿，却连一句“谢谢”都没有，感觉一切都是理所当然，这难免让人生气。最后楚楚还在深更半夜把他吵醒就为了在淘宝买东西，小姜一直憋着的一口气也终于爆发了。

设想小姜如果能多说几声“谢谢”，或者在饭后请小姜喝点饮料什么的，及时表达感激之情，他们之间的关系绝对不至于弄得这么僵。

【引剧论法】

“谢谢”，看似再简单不过的一个词，但真要用好它，却并非易事，要讲究方式方法和一定的“技巧”。

生活中尤其是职场上要多说“谢谢”。通用公司前首席执行长韦尔奇说：“如果没有感恩文化，整个公司就是一堆冷冰冰的砖头和水泥。”而在职场多说“谢谢”，还要注意区分公司的性质，外企更讲究职业礼仪和规范，要尽可能地多说，比如“麻烦你过来一下，谢谢”，“这个文件尽快给我，谢谢”，要让“谢谢”成为说话的“后缀”，而在民企，“谢谢”没有必要说得那么频繁，但态度要真诚。

说“谢谢”的时候，要真心实意，态度自然。小品《卖拐》中，范伟满脸激动、紧握着赵本山的手说“缘分呢，谢谢啊”，那是表演需要。生活中说“谢谢”，不需要那么夸张，但态度一定要真诚，要看着对方的眼睛说，口齿要清楚，语气要坚定，不要扭扭捏捏的。

说“谢谢”最好能说清楚感谢的事由，这样会更显真挚。虽然说“谢谢”时，对方十有八九知道你感谢的原因，但还是尽量说出来，而且最好带上对方的名字，比如你连说两声“谢谢”，效果肯定不如“老张，谢谢你，上次帮我介绍的那家装修公司，活特别好，还便宜”，这样会更让对方觉得，你把他的帮助记得特别清楚。另外，说“谢谢”时，最好还能表达一下以后回报之意，比如“老张，以后有什么事情需要我帮忙，尽管说”。

Tips：

▼交际说话中把“谢谢”经常挂嘴边。

▼说“谢谢”时要富有感情，带有诚意。

▼除了说出“谢谢”二字，还可以将谢意加入到肢体语言中。

酒桌说错话，罚你三杯酒

宋朝初年，宋太祖赵匡胤怕手下学自己“黄袍加身”，篡夺政权，就把几个高级将领叫过来喝酒，酒席宴上他说：“人生苦短，要富贵的人不过是想多聚点钱留给后世子孙，你们不如释去兵权，到地方去，多置良田美宅，日夜饮酒作乐，我还会同你们结儿女亲家，我们互不猜疑，上下相安，这不是很好吗？”几个将领一听，当时跪倒一片，席后纷纷告病请辞，这就是历史上著名的“杯酒释兵权”。

在中国，自古以来就有酒桌上说事的习惯，现代社会交际中，虽然不像“鸿门宴”那样，推杯换盏间暗藏刀光剑影，但酒桌上如何说话也是一门重要的学问，说得好满座皆欢，说得不好，就很可能不欢而散。

【小短剧】

小刘和小赵同在A公司的公关部工作，最近，该部门的经理升为副总，公司考虑在他们中间提拔一个人做部门经理。正巧，这两天要宴请一直有合作的B公司的几位高层，就让他们俩都参加了，也算是一次实战考核。

席间，A公司的一把手王总感叹说，现在生意越来越难做，压力很大，白头发都急出来了。

小刘接话说："王总您辛苦，不像以前的李总，整天不务正业，都看不到人影。"王总听到这话，把脸一沉，"小刘说话不对，罚酒罚酒"，小刘有点发懵，端起酒自罚了一杯。

小赵这时说："能力越大责任越重，王总您为公司发展事必躬亲、日理万机，我作为员工敬您一杯。"王总笑了笑，说："全靠你们支持，这杯酒，我干了。"

席间，小赵向B公司的一位沈总敬酒，沈总推托说喝不掉，小赵说："沈总，喝酒如工作，我可听很多人说过您的工作作风，那可是雷厉风行、大刀阔斧啊！我先干为敬，沈总您随意。"说完把酒干了，沈总哈哈大笑："小赵你可真能忽悠，这酒我不喝也得喝了。"说完也把一满杯的酒给干了。

过了一会儿，小刘也给沈总敬酒，沈总说，这次是真喝不掉了。小刘说："沈总，您是看不起我这个小职员吗？那我先干为敬，您看着办吧。"说完喝干了一杯酒。沈总挤出了点笑容，说："小刘，对不住，下次有机会再好好喝。"然后喝了一小口酒。

最后，小赵最终被提拔为公关部的经理。

【剧析】

酒桌上，王总罚小刘喝酒，是因为小刘说错了话，他不应该在酒桌上说前任老总的坏话。在任何场合，当着现任说前任的坏话，都是不明智的，会给人留下人走茶凉、势利小人的感觉，现任一定会想：我不在这个位置了，他一定也会到处说我的坏话。而且，"辛苦"是上级称赞下级的词，小赵对王总“事必躬亲、日理万机”的赞扬，很明显更符合双方的身份，所以王总就欣然喝掉了小赵的敬酒。

在敬沈总酒时，小赵和小刘都用了激将法。小赵在敬酒时，巧妙地把喝酒和工作结合起来，夸沈总工作“雷厉风行、大刀阔斧”，对方心里高兴，不喝酒又显得魄力不够，也就痛快地把酒喝掉了。

而小刘说：“你是不是瞧不起我这个小职员？”这种激将法太过直接，也很没礼貌，如果平级或朋友之间或许可以这样说，但在存在身份差别的两个人之间绝对不可以用。

【引剧论法】

中国酒桌礼仪由来已久，并随时间推移不断变化，但有些基本的规矩需要掌握，以免一场酒喝下来，不知道哪句话就把人给得罪了。

首先，要区分酒宴的性质，掌握好谈话的内容和尺度。朋友间的小聚最是轻松，可以开怀畅饮、畅所欲言。婚宴、满月酒等以家庭为单位的宴请，也不必太过紧张，只要照顾好在座尊长的吃喝和心情，说些应景的和家长里短的闲话即可。而公务宴请和商务宴请则不能光想着吃饭喝酒，要把它当作一场考试，精心准备开席的敬酒词，对出席者的身份、酒宴要达到的目的了然于心，并在整个酒宴过程中谨小慎微，掌握好分寸，营造好氛围。

其次，敬酒虽好，但不能乱敬。敬酒要按年龄长幼、职级高低，敬酒前一定要确定好顺序，不能边敬边想。敬酒的时候，要给对方以恰当的称谓，并配以合适的敬酒词，不能千篇一律说“我们干一杯”，要多讲些策略和说话技巧，比如可以强调场合的重要性和出席人的重要性，但切记不能过分劝酒，这样容易破坏酒宴氛围，甚至伤了和气。

再次，酒席桌上别拉人私聊、喧宾夺主和酒后妄语。酒宴是件“众乐乐”的事，酒宴的话题也要有广泛的参与性，不能拉着其中一个人低头私聊，容易引起其他人的反感。

每场酒宴尤其是公务宴和商务宴都会有明确的主题，相对来说出席者也会有主次之分，不能只顾自己说着高兴，反而把主角给晾在一边，耽误事情；要清醒地认识自己的酒量并加以控制，防止酒劲上头，云山雾罩，胡言乱语，给人留下不好的印象。

Tips：

▼酒桌开场时，语言要以礼为重。

▼酒过中旬，懂得迎合在场人的情绪，可适当开玩笑。

▼酒桌说话要有条有理有逻辑，避免留下话柄被“逼”酒。

▼有女性尤其是未婚女性在场，酒桌玩笑说话要注意分寸。

“开玩笑”要有礼

宋朝著名文人黄庭坚，满腹经纶，幽默风趣，但却由于开玩笑，断送了大好前程。在国子监工作时，有个同事叫赵挺之，黄庭坚很看不起他的为人，就经常开玩笑挖苦他，比如，有一次，赵吹嘘说：“我们老家非常重视文化，我替人写一篇文稿，人家往往推一车的礼物相赠。”黄庭坚就开玩笑说：“想来净是些萝卜、酱瓜之类的吧。”赵挺之怀恨在心，后来赵官至宰相，就找个借口把他发配到了广西瘴疠之地，黄庭坚也最终客死他乡。

一代名士，被小人算计，免不了让人一声叹息，但他言辞无礼、玩笑无度，却值得我们引以为鉴。在日常的人际交往中，适当的玩笑可以调节气氛，让谈话双方更轻松愉快，但我们开玩笑一定要讲礼貌、有节制，以免“擦枪走火”，冒犯到对方。

【小短剧】

陈伟和黄旭是大学时的同学，还住同一个宿舍的上下铺，关系一直很铁。毕业后，两人都进了同一家事业单位，工作10年，陈伟升至副处级，而黄旭还是一个普通的科员。

一天早上，两人上班时在电梯口碰面。当时陈伟穿西服打领带，皮鞋锃亮，黄旭一看到就笑着打招呼说：“你今天穿得很帅啊！”陈伟也笑了笑说：“又不是年轻小伙，还什么帅不帅的。”

黄旭继续笑道：“我看你现在是越来越像个‘衣冠禽兽’了，是不是看上科室的哪个小姑娘了？小心我告诉你们家的母老虎啊。”

陈伟脸色有些变，说了句：“你还是那么喜欢胡说八道。”黄旭继续笑，还跟着陈伟进了他办公室坐了一会儿。

其间，一个女下属过来找陈伟签字办事，拿到签字后，女下属赞了声：“陈处的字写得就是好。”

这时候坐在沙发上的黄旭搭腔了：“他也就名字写得好，那是在家偷偷练的，上大学时写字是有名的‘鬼见愁’，歪歪扭扭，惨不忍睹。”女下属也不知接什么话好，匆匆离开了办公室。

陈伟沉着脸对黄旭说：“现在已经到上班时间了，赶快回你的办公室吧。”

后来单位有升迁的机会，陈伟还握有一定的发言权，但他从来没有替老同学黄旭争取过。

【剧析】

黄旭自认为和陈伟是曾经的同学和朋友，就可以不顾对方已经是副处级领导的身份，看到他穿着整齐，开玩笑说是“衣冠禽兽”，问“是不是看上哪个小姑娘了”，还把陈伟老婆叫“母老虎”，这些都是贬损挖苦对方的语言。而当着女同事的面，还笑陈伟“就签名写得好，是偷偷练出来的”，这又是当着下属的面揭领导的短，也难怪陈伟要不高兴了。

通过上面的例子，我们应该清醒地认识到：领导永远是领导，不能自以为以前私交很好，就可以乱开玩笑，冒犯领导的尊严。

在工作过程中，如果能把握好分寸，和领导适当地开些玩笑，的确有助于拉近和领导的关系，但玩笑一定要是肯定、尊重、积极的，而不能是像黄旭那样，有贬损、揭短的意思，那样会导致“领导很生气，后果会很严重”。

【引剧论法】

人际交往中，玩笑有点像是炒菜用的调料，合适的玩笑能缩短彼此间的距离，可以活跃气氛，但如果开玩笑不注意尺度和分寸，就是乱用调料，菜的味道就不是鲜而是怪了。

首先，开玩笑要注意说话对象的区别。人上一百，形形色色，我们接触的人群中，每个人的身份、性格、志趣，大不相同，对玩笑的承受能力也大不相同，开玩笑的对象尽量选择外向、豁达的人，因为他们更容易接纳并形成互动。而内向敏感的人，往往会认为是嘲笑自己，从而对开玩笑的人心生芥蒂。另外还要注意观察说话对象当时的心情，对方愁眉苦脸或者悲痛欲绝，你肯定不能和他开玩笑。

其次，开玩笑要注意场合和环境。喜宴或者庆典这种需要热闹的场合，自然可以互相开玩笑、逗趣，营造欢乐的气氛。平常熟人、朋友间的闲聊，也可以穿插着开些玩笑，让聊天进行得更愉快。但有些场合，比如安静的图书馆，严肃的会议现场，悲伤的葬礼上，显然就不能开玩笑。

最后，开玩笑要注意内容健康。玩笑应该是善意的，要风趣幽默，情调高雅，不能拿别人的残疾或短处开玩笑，要注意避开对方的忌讳，不能揭别人的痛处，玩笑不能建立在别人的痛苦之上。有长辈或者小辈在场时，不能开庸俗的玩笑，与并不熟悉的女性单独交谈时，也不能开男女关系方面的玩笑，会引起误解，给人留下不好的印象。

Tips：

▼和领导开玩笑有风险，开口需谨慎。

▼开玩笑时注意观察对方的反应，随时做好“刹车”准备。

▼对于不喜欢开玩笑的人，尽量不去开玩笑。

▼开玩笑不是为了哗众取宠，要适可而止。

人多时，要做到面面俱到

《红楼梦》中，林黛玉初到贾府时，王熙凤这样赞道：“天下真有这样标致的人物，我今儿才算见了！况且这通身的气派，竟不像老祖宗的外孙女儿，竟是个嫡亲的孙女。”就这一句话，把凤姐的八面玲珑体现得淋漓尽致，因为这句话既让初来乍到的林妹妹感到亲切，又夸得老太太心里受用，还让探春等几位嫡亲的姑娘听了觉得美滋滋的。

生活中，我们也会遇到这样的情形，很多人在一起说话的时候，有的人能像凤姐一样，面面俱到、滴水不漏，能尽量照顾在场者的情绪，让所有人都高兴。而有的人，却只顾自己说着高兴，说着说着，就会让其中一部分人暗暗生气、皱起眉头，有时甚至闹得不欢而散。所以人际交往中，我们有必要学习一下面面俱到的本领。

【小短剧】

又一年高考的分数出来了，同一个办公室中，张姐、孙姐、王姐的儿子都参加了高考，小李和小黄都是今年刚参加工作，跟她们同在一个办公室，这天中午就聊起了孩子高考的事情。

得知张姐、孙姐家的孩子考得很好，都超出一本线几十分，小李就夸赞道："孩子真有出息，你们是怎么培养的啊？"

她们俩都说，孩子学习比较自觉，所以虽然一直也没怎么管，但成绩一向很好。

小李说："那肯定还是你们家教好，孩子才能自觉，看你们素质就知道你们孩子一定不会差。就像有些学渣，一看就知道家长是什么样的人？"

小李又问王姐家儿子的考分，对方脸色不好看，说："他就是个学渣，离专科线还差着几十分呢。"

这句话一说，办公室鸦雀无声。

这时候小黄说话了："王姐，我们国家现在这纯粹是应试教育，根本就反映不出能力的，只要有能力，以后照样飞黄腾达，马云高考不也是考了3次才考上嘛，还不是照样成中国首富。以后你儿子努努力，说不定也能当上市公司的老总，那些现在高考考得好的，以后还不是得乖乖地给你儿子打工。"

小黄的话说完后，办公室再次陷入了沉寂，而张姐、孙姐的脸色非常难看，一前一后离开了办公室。

【剧析】

人在职场，虽不至于像谍战剧中一样，说错一句话，有身家性命之忧，但如果说话不看对象，不加思量，不设身处地去考虑对方的感受，就很可能言语不周，得罪了人。

张姐、孙姐家的孩子高考成绩好，作为同事，夸赞几句，是情理中的事情，但小李在还不知道王姐家孩子的成绩时，就把成绩和家长素质联系在一起，张姐、孙姐自然是听了高兴。但王姐的儿子考得很差，成了小李口中的学渣，她听小李这样说话，心里难免要生气。而小黄眼看着气氛尴尬，试图救场，结果却是"好心办坏事"，他的话王姐倒是喜欢听，但一下子又把张姐和孙姐得罪了。

所以，人多时，尤其是他们身份有差别，代表的利益大不同时，我们说话千万要注意，不能因为急着去迎合一部分，而无形中得罪了另外一部分人，这时候，我们应尽量淡化利益对立，不搅在一起说，分别在各方身上找到不同的优点，比如我们可以夸张姐、孙姐家的孩子考得好，以后可以找个好工作，而安慰王姐说，条条大路通罗马，现代社会上升通道很多，找准兴趣点，将来照样有出息。

【引剧论法】

直言不讳不失为一种美德，但更多时候，与人交谈更需要我们面面俱到，考虑整体的环境、其他人的心理和说话的后果，否则可能会顾此失彼得罪人。

要做到面面俱到，首先要了解说话的对象，投其所好，避其所忌。人多的场合，尽量多考虑他们的身份、性格、喜好，不求每句话都说到所有人心里，但起码先要防止失言，富兰克林就曾经说过："失误可以很快弥补，失言却可能永远无法补救。”

要做到面面俱到，不能厚此薄彼，冷落或者伤害到一些人。比如公司的酒会上，如果你只对老总一个人大献殷勤，高唱赞歌，却忽略了其他的副总和中层，他们表面上当然不会说什么，但以后单独接触时，很可能会“还以颜色”。而且即使老总本人，也更喜欢能“盘活”谈话氛围、协调各方关系的下属，而不是只会拍自己马屁的下属。

要做到面面俱到，还要注意说话的倾向性和话题的选择。要多肯定夸赞，少批评指责。这并不是巧言令色、虚与委蛇，而是更好地处理人际关系的需要。不妨换位思考一下，当着很多人的面，你是喜欢听表扬还是喜欢听批评呢？即使真要当众说别人的不是，也要尽量注意委婉表达，不要激怒对方。话题的选择上，最好让所有人都能说上话，防止有人被冷落到一旁。

Tips:

▼面面俱到不是啰嗦，也不是说得多了就能面面俱到。

▼别急着亮出自己的态度，有时想收都收不回来。

▼在自己完全不了解的人跟前，说无关紧要的话最保险。

▼在一群人的聚会中，记得给一直沉默的人找个开口的机会。

观点不同，争辩要有节制

人与人之间的交往中，因为立场、世界观、知识构成等不同，争辩在所难免。大到国与国之间纵横捭阖的谈判，小到对一场电影、一个人物、一个事件的各执己见，争辩无处不在。

《三国演义》中，诸葛亮一出祁山，两军阵前遇到魏国司徒王朗，两人打起了历史上有名的“口水仗”，最后诸葛亮一口一个“皓首匹夫”、“苍髯老贼”，活活把70多岁的王朗给骂死了，这时我们会叹服诸葛亮的唇枪舌剑。但生活中我们与人争辩，一定要注意有理有节，不能图一时口舌之快，最后伤了和气。

【小短剧】

某大学中文系的一个班级近日要重新选班长，就选举办法，辅导员在班会课上征求同学们的意见。

赵亮最先站起来说：“我建议大家轮着当班长，一个月一换，调动每个人为班级做事的积极性，而且到毕业找工作时，个人简历中，大家也都可以写上曾担任班长。”

王思坤立刻站起来反对说：“当班长要有组织协调能力，不是谁都能干的，而且有的同学也并不一定就想当这个班长，我就不想当，一是自认为不是这块料，再就是当班长也会影响我学专业课。”

赵亮反驳说："能力都是锻炼出来的，谁也不是一生下来就能当班长的。而且你之前没当班长，专业课成绩还不是照样很一般吗？"

王思坤有些脸红："你爱表现，想当官，那是你自己的事，别拉我们掺和进来。"

赵亮有点急了："谁想当官了？我爱表现？我怎么就爱表现了？"

王思坤说："你不爱表现？上次写作课，老师没觉得你写得好，你自己硬是要站起来读给大家听，写得狗屁不通，还好意思读，这不是爱表现是什么？"

赵亮更急了，指着王思坤说："你就是个二百五，不乐意听可以滚出教室，谁让你听了，我即使真是爱表现，也比你整天躲在宿舍看黄色小说强。"

眼看着两个人越说越火，吵得面红耳赤，辅导员忙制止了他们，讨论也不了了之。

【剧析】

本是一场正常的班级讨论，赵亮建议每个人轮流当班长，王思坤提出反对意见，这也都无可厚非，没有绝对的谁对谁错，但因为他们没有控制好争辩的尺度，最终把争辩演变为吵架和谩骂，并互相进行人身攻击，伤的是同学间的情谊。

这种争辩的恶性发展，生活中并不少见。争辩本来应该是两个人摆事实、讲道理，拼的是理智，但争辩双方却很容易被自己的情绪控制，为了赢得争辩，会说一些损害对方自尊心的话，比如赵亮说王思坤："你之前没当班长，专业课不是也很一般吗？"王思坤说赵亮："爱表现，作文写得狗屁不通。"而保护自尊心，是人类的本能反应，自尊心受到伤害的第一反应就是要还击，给对方更大的伤害，争辩也就会变为彼此间的人身攻击，这时候反而会忽略了本来争辩的内容。

回到这个案例中，如果这两位同学发现意见不一致时，能心平气和地说出自己的道理，一二三四罗列出来，使争辩真正成为观点的交锋，相信即使最后他们谁也说服不了谁，但班里的其他同学和老师也会给出评判，争辩过后，他们依然是好朋友。

【引剧论法】

如何放松自己的心情，让争辩更文明、更有建设性，维护好良好的人际关系？

首先，要避免无益无聊的争辩。要清楚争辩的目的是为了探求真知，坚持或维护心中的某种正义或者真理，最好在争辩后大家都能有所收获。别为一些无谓的事情争辩，比如争论谁的老婆漂亮，哪家饭店的口味好，这都论不出个所以然，争得也没意义。曾有新闻报道，两个小伙争论，一个说我300块钱就能买一条软中华，另外一个就说你吹牛，根本不可能买得到，结果两个人吵到最后，互相抡砖头，打得头破血流，最后还都进了派出所，想想实在不值。

其次，争辩要心平气和，以理服人。心理学家研究发现，要想赢得争辩的胜利，最需要避免的就是情绪激动，应该心平气和地和对方讲道理。但在日常的争辩中，能做到这一点的却很少，往往是争得脸红脖子粗，嗓门儿越来越大，道理却越来越少，有的争辩演变为互相谩骂，更是毫无道理可言。

最后，争辩要有君子之风，以德服人。最重要的一点是千万别进行人身攻击或揭人隐私，尤其在公共场合，更要注意保护别人的隐私。另外，辩德还体现在对争辩结果的态度上，如果是输了，千万别诡辩，大可以坦然承认，道一声“听君一席话，胜读十年书”。而如果是赢了，则千万别把得意写在脸上，要给对方留面子，比如你可以说“唉，你看，我这个人就是爱较真”，然后迅速转移话题。这样的辩论，不仅不伤和气，还能增进感情。

Tips：

▼争辩要对事不对人，千万别搞反了。

▼有理让三分，争辩才不会伤感情。

▼少和度量小的人争辩，他随时可能突破你的忍耐极限。

▼靠狡辩撑起脸面，在别人眼里最没脸。

第四章

没有说服不了的人，只是太过急功近利

主要症状： 用尽千言万语，对方依然无动于衷，不做认同表示，有时还会问得你哑口无言。

对症下药： 说话要条理清晰，不要词不达意，逻辑混乱。

逻辑说话，这是讲话的根本

在《战国策》名篇《触龙说赵太后》中，赵太后当时把持朝政，秦国犯境，赵国危在旦夕，只得向齐国求救，齐国提出要拿赵太后的小儿子当人质，赵太后舐犊情深，死活不肯。紧要关头，左师触龙进谏，他先拉家常，缓解谈话气氛，而后循循善诱，向太后阐明了什么是对子女的真爱和大爱，最终说服了赵太后。

现实生活中，我们也会发现讲同样一件事、阐述同样一个观点，有的人说得天花乱坠却不知所云，而有的人寥寥数语却能说得清楚透彻。他们之间最大的区别就是说话有没有逻辑。说话有逻辑，自然会环环相扣、条理清晰，而说话没逻辑却只能眉毛胡子一把抓，最终也说不清楚自己要讲的东西。

【小短剧】

小李和小王是家电商场的两名促销员，各负责一个品牌冰箱的推销，最近这两个品牌都出了最新款的智能冰箱，推介新产品也成了他们的当务之急。

这天上午，孙小姐到商场选购冰箱，他先到了小李的专柜区。小李忙上前说：“你好，是要买冰箱吗？我们最新款的智能冰箱，特别高大上。”

见孙小姐没说话，小李继续说："我们这款冰箱的核心技术世界领先，研发用了1年多，花了将近上千万呢。"

孙小姐说："那它都有什么好处啊？"小李说："好处太多了，如果你买了以后，发现有其他冰箱比我们的好，我都敢给你退货。"

孙小姐说："我再看看吧。"然后走到了小王的专柜区。

小王迎上来说："你好，要买冰箱吗，看您穿得这么时尚，有没有兴趣了解一下我们最新款的智能冰箱。"

孙小姐微微笑了一下，说："好啊，它怎么个智能法啊？"

小王打开智能冰箱柜门，一边示范一边介绍说："智能首先体现在数字化温控上，多种调节模式随时调节，保证食物新鲜还省电。其次，还体现在您可以与冰箱有互动，可以通过手机查询冰箱里存了多少食品，保鲜程度怎么样，及时食用随时补充。另外，它还可以为您提供健康食谱和营养宜忌。您觉得怎么样？"

孙小姐点点头说："听起来蛮不错的，那它有什么缺点啊？"

小王笑着回答说："缺点就是产品刚上市，市场占有率还比较低，另外一个缺点就是对一些老人来说，学习使用方法会有一定的困难，但相信您不会有这个问题。"

孙小姐又笑了起来，最终她买了小王推荐的智能冰箱。

【剧析】

孙小姐最终买了小王推荐的冰箱而没有买小李推荐的，很显然是因为小王的话更能打动她。

小李的推荐只是停留在表面，"高大上"、"研发时间长，费用高"、"比其他冰箱都好"都是泛泛之谈，根本没有触及智能冰箱的实际性能，这样就让他的话听起来有自我吹嘘的感觉。

而小王在推荐时，没什么溢美之词，而是打开冰箱，边示范边说，有条不紊地把智能冰箱的性能介绍得清清楚楚，在对方询问缺点时，他也能如实作答，并巧妙地夸赞对方年轻懂时尚，既让对方产生更大的信任感，又会有被恭维的满足感。成功卖出产品也就顺理成章。

人的心理活动就是这么微妙，它不会因为你声调高亢就能被说服，而一番调理清晰、重点突出的叙述，却能像春风化雨一样打动人心。

【引剧论法】

怎样让自己的话有逻辑呢?

首先，要对谈话有充分的准备。不打无准备之仗，也不能讲没准备的话。你要清楚谈话的目的是什么，然后围绕这个目的，收集讲话要用的素材，确定重点要用哪些素材，哪些素材可以一句话带过。最好可以先打个腹稿，反复演练，只有胸有成竹，才能出口成章。伶牙俐齿确实可以在短时间内传递大量的信息，但只有逻辑清楚才能有效传递。说话的准备，就是给自己要讲的话理清头绪。

其次，要培养边听边思考的习惯。谈话是人与人之间的交流互动，你只有弄清楚对方说什么，才能组织语言加以应对，所以必须边听边思考，读懂对方说的材料，提炼对方的观点，然后再根据对方的观点，表达自己的主张，这才是真正的良性沟通。

最后，谈话要有逻辑，必须加强平时的锻炼。说话混乱、没有逻辑的人往往是知识面单一、关注点狭窄的人，所以平时我们就要注意深入观察，拓宽知识面，培养广泛的兴趣，养成多角度看问题和独立思考的习惯。归根结底，逻辑的养成绝非朝发夕至那么简单，而是长期锻炼的结果，说“讲话一分钟，背后十年功”也不为过。

Tips：

▼没想明白的事情，就先别急着张嘴。

▼无论对什么人，说话别紧张，太紧张容易影响语言的逻辑性。

▼说话的语速别太快，给自己也给别人留点思考的时间。

▼学会用“一二三四”等归纳法，学会用转折词。

言多必失，点到为止

19世纪初，沙皇尼古拉一世登基后，俄国爆发了一场由自由分子领导的叛乱，一名领袖李列耶夫被判绞刑。但在行刑时，绳索突然断了，通常遇到这种情形会被当成上天恩宠，犯人会得到赦免。但李列耶夫站起来对着人群喊：“俄国的工业如此差劲，甚至连制造绳索也不会。”

这话传到尼古拉一世耳朵后，他勃然大怒，撕毁了本已签好的赦免令，说“让我们来证明事实与之相反吧”。

第二天，李列耶夫再次被推上绞刑台，这次绳子没有断。

在生活中，我们多说一句话、说错一句话，肯定不会像李列耶夫那样，把命给丢了。但却很可能得罪了人、办砸了事，给自己带来不必要的麻烦。所以很多时候，我们要控制自己的言语，话不在多，点到为止。毕竟，说得越多，出错的概率也就越高。

【小短剧】

去年，姜颖名牌大学毕业，考公务员进了一家机关单位，她人长得漂亮，又活泼开朗，单位里的同事都挺喜欢她的。

工作一个多月以后，办公室组织聚餐，席间大家说说笑笑，很是热闹，姜颖更是充当了“开心果”的角色。

不知谁先提的头，大家聊到了当时热播的电视剧《伪装者》，姜颖就说：“明堂和明楼都好帅啊，真让我选，我两个都要。”说完露出一脸“花痴”相，同事们哈哈大笑。

这时，姜颖又接着说：“作为大姐的明镜也不错，一直没结婚，待弟弟还那么好，不像现在的很多老处女，脾气古怪，还乱搞男女关系。”

本来以为，大家又会发出一阵笑声，没想到这次大家都沉默了，表情都有些尴尬，而其中，同事王慧的表情尤其难看。这次聚餐进行到一半的时候，她就借口家中有事，匆匆离开了。

后来，姜颖从其他同事口中得知，王慧快40岁了，因为以前感情上受过伤，一直没结婚，平时最忌讳谈这方面的话题。

姜颖后悔不迭，以后一直想着找机会和王慧套近乎，但对方始终一副爱答不理的样子，她们的关系也只能僵在了那里。

【剧析】

姜颖作为一名职场新人，表现得热情开朗一些，迅速和同事拉近关系，这本无可厚非。因为如果初来乍到，又一声不吭，很容易给人留下性格孤僻的印象。但在聚餐的时候，姜颖却因为不注意适可而止，最终“祸从口出”，把同事王慧给彻底得罪了。

在职场上，尤其是对职场新人来说，懂得审时度势，确定哪些话能说，哪些话不能说很重要。因为你刚到单位，对很多情况不熟悉，也不了解同事的脾性，这时候如果说话太多，就相当于给一群陌生人点菜，很容易就点到了别人的“忌口”上，从而影响人际关系。得罪一个人很容易，想修复关系却要难得多。

每个人身边也许都有这样的“大嘴巴”，他们整日喋喋不休，希望通过提供“小道消息”，来获得别人的关注和认可，这种人接触时间短，也许会被认为是热情，但时间久了，往往会成为一群人中最不受欢迎的人，因为他们管不住自己的嘴巴，该说的说，不该说的照样说，最终会因说话直接得罪一部分人，而剩下的人因为他的“大嘴巴”，也不敢跟他们走得太近。

【引剧论法】

古人云：君子慎言，祸从口出。那么具体该如何谨慎，又如何防祸呢?

首先，说话要注意区分场合和对象。跟朋友和家人聊天时，话多一点倒也无妨，即使说错了，互相间也不至于记仇。但与陌生人打交道，或者人在职场，面对同事尤其是上级时，说话不宜太多，最好点到为止，而且要讲究方式方法。比如领导问对他工作有什么意见，你肯定不能想着，既然领导这么“礼贤下士”，那我也就不客气了，滔滔不绝地把缺点全罗列出来。毕竟，因为面子问题，真能无条件“纳谏”的领导很少，向上级提意见最好还是能做到委婉表达。

其次，话出口前在头脑中过一下，谨防“说者无心，听者有意”。比如，有个故事说，理发师老王边理发边唉声叹气，顾客就问他：“怎么了？”他说：“昨天晚上家里招贼了，被偷了3000块钱，顾客就安慰他不要太难过。”老王就说：“对，就当这个月我全给贼理发了。”如果老王说这话之前，能在头脑中过一遍，这话他肯定也就不会出口了。

最后，说话无论多和少，都不能搬弄是非。古训有云“静坐常思己过，闲谈莫论人非”，我们在生活中，一定要管好自己的嘴巴。尤其在职场中，更不能在背后逞口舌之快，搬弄是非。也不要在背后说同事或者领导的坏话，如果看他们不顺眼，可以委婉地向他们当面提出意见，或者直接避而远之。事实证明，喜欢搬弄是非的人，最后的结果往往是搬起石头砸了自己的脚。

Tips：

▼说话点到为止，尽量少啰嗦，有时说得越多，越乱。

▼“这事我只跟你一个人讲，你别乱传”，这是搬弄是非者的口头禅。

▼过多抱怨和牢骚，会让你成为人人躲着走的“祥林嫂”。

▼如果没有好话可说，那就什么也别说。

先听再说，更有效

我们都知道，医生在给病人看病时，一定是先耐心地听病人说完他的病情，再依着症状做检查、开药方、给出平时的注意事项。

在人与人的谈话中，要有一个好的沟通，我们也需要学做好医生，先听后说，听清楚对方的意思，再说出自己的想法和观点。而真正要听清楚，不仅需要我们竖起耳朵，听对方具体说了些什么；还需要我们睁大眼睛，观察对方的情绪变化；更需要我们敞开心扉，用心去体会对方的内心表达。

只有这样，我们才能真正理解对方，进入同一个语境，说的时候才能说到点子上去，建立一个良好的沟通。

【小短剧】

郑茜和华菲菲是大学同学，毕业后也一直保持联系，有一天郑茜打电话给华菲菲说，心情不大好，想找个地方坐坐，一起说说话。

她们在一个咖啡馆落座以后，华菲菲就问发生什么事情了？

郑茜竟然掉了眼泪，说："这日子没法过了，和老公吵架了，他还想动手打我。"

华菲菲听到这话，就替她打抱不平："他怎么能这样，娶到你这样的好老婆，竟然不知道珍惜，实在不行，跟他离婚算了。"

郑茜一惊，说："离婚？是不是太草率了？"

华菲菲说："你条件这么好，还怕跟他离婚，离了婚闭着眼睛找，也能找到一个比他更好的。"

郑茜说："离婚，孩子怎么办啊？"

华菲菲说："你想要就要，不想要就给他，也不能为了孩子自己的幸福就不要了吧。"

郑茜不再说话了，喝完咖啡，她们也都各自回了家。

后来，华菲菲约郑茜出来逛街，郑茜总说没时间。华菲菲很是纳闷儿，不知道自己哪里得罪了她。

再后来，华菲菲从另外一个要好的女同学那里得知，郑茜在生让她和老公离婚的气。她和老公关系一向挺好的，那一次，她是因为和婆婆闹了点矛盾，所以和老公也吵了几句。她和华菲菲说，也就是找个人诉诉苦而已。没想到华菲菲竟然让他们离婚，她后来跟老公说了，老公也很生气，让她以后不要和华菲菲来往。

【剧析】

得知郑茜生气的原因，华菲菲一定很后悔不该说出让郑茜离婚的话，而她更应该后悔的是，没有耐心地听郑茜把话说完，就急着表达自己的意见，看上去她是替对方出头，反而因为误解对方的意思，让郑茜两口子对自己一肚子的意见。

生活中很多时候都是这样，别人找你诉苦，就是想把事情说出来，心里没那么憋闷，并没有想着一定让你给出个主意，把什么问题给解决掉，这时候你只需要听他耐心地说完，顺着对方的情绪，适当地说些宽慰的话。千万不可以像华菲菲这样，话没听完就上纲上线、火上浇油，那样对方的郁闷没有消解不说，反倒可能因为你的话心里添了堵。

如果对方真想让你给出主意时，你更要听他说清楚事情的来龙去脉，然后才能判定是非曲直，给出合情合理的建议。毕竟，很多事情都不像你主观想象的那么简单，比如郑茜本来就是因为婆媳间闹点矛盾，然后和老公绊了嘴，如果华菲菲听清楚了这些，她就可以从化解婆媳矛盾入手，给出建议，而不是劝对方离婚。

【引剧论法】

生活中做一个先听后说的人，能让沟通更顺利，这是为什么呢？我们又该怎样做呢？

先听后说，能给对方一个情绪的缓冲。当别人情绪激动地找你说某件事时，你千万别急着回应他，可以端个凳子给他坐着，给他递支烟或者一杯水，耐心地让他把话说完，他说着说着，心情就会渐渐平静下来，自己先对事情有了一个更清醒的认识，这时候你再根据他所说的内容，以局外人的身份点拨几句，自然就会收到事半功倍的效果。而相反，如果你不等他平静下来，就急着给建议，只会让对方的情绪更激动。

先听后说，可以更好地了解事情的真相。一个公司新研发的产品市场遇冷，老板很生气，他把研发部的经理叫过来，准备大骂一顿，但他还是先压住了火气，让经理先说原因，经理解释说市场对新产品有一个接受过程，预计产品在两个月之后会开始热销。老板没再说什么，而两个月后产品果然大卖，老板开公司大会时专门表扬了那位经理。试想如果老板不先听解释，直接骂经理一顿，甚至把新产品停了，会有什么后果？

先听后说，才能设身处地地理解对方。用耳朵、眼睛、心去“聆听”，搞清楚对方的真实意图，才能站到对方的立场看问题，也只有认真地听，才会让对方产生被尊重的感觉，更愿意和你交流。一项调查显示，遭受校园暴力的大部分孩子，并不愿意和家长说，而不说的原因除了受到施暴者的威胁外，更重要的原因是家长没耐心听，刚听两句就呵斥孩子，让他们专心学习，离“坏孩子”远点。而不是听孩子讲完，搞清楚对错，站出来替孩子撑腰，久而久之也就失去了孩子的信任。

Tips：

▼别人说话的时候，别轻易打断。

▼别总是说“你说的我全都知道”，而是要问“你还有没有其他要说的？”

▼先听再说，并非不可以说反对意见。

▼帮两个吵架的评理，要听双方都说完再评判。

借助他人，让第三方替你说

西安事变前夕，杨虎城和张学良都在揣摩对方的心思，但谁也不敢把话先挑明，随着时局渐紧，杨虎城终于率先开口，下属中有个著名的共产党员王炳南，杨虎城借他投石问路："王炳南是个激进分子，他主张扣留蒋介石。"

而此时张学良立刻回应说："我看这也不失为一个办法。"于是两位将军就这样达成共识，发动了历史上著名的西安事变。

生活中我们也会遇到这样的情形，想向对方说某些事情时，左右为难、欲言又止，这时我们不妨也学一下杨虎城将军，借助别人，让第三方替你说，这样既表达了真实意思，又给人际关系留一个回旋的余地。

【小短剧】

费娜是一家文化公司的新入职员工，主管崔小羽对她非常严厉，甚至可以说是苛刻，犯一点小错误就会被劈头盖脸地数落一通，而且都是当着公司其他同事的面，费娜对此非常苦恼。

后来，费娜得知崔小羽和她毕业于同一所大学，而且都被张明远教授教过，崔小羽也很敬重张教授。

一天，在公司食堂吃午饭时，费娜就主动端着餐盘和崔小羽坐到了一起，边吃边聊，费娜就问："崔姐，你也是张明远教授的学生吧？"崔小羽愣了一下，说：“是啊。”

费娜接着说：“我也被张教授教过，前两天我去他家拜访，他还跟我提到过你呢？”

崔小羽眼睛一亮：“张教授说什么了？”

费娜说：“张教授知道我跟你在同一家公司，说上大学时，你各方面表现就很出色，还说你虽然脾气有点急，但对人从来都是一副热心肠，让我一定要向你好好学习，工作上遇到什么难事，一定要说给你听。”

崔小羽笑着说：“嗯，我脾气是有点急，但也都是为了工作，平时对你是有点严厉了，但那的确也是为了你好。”

费娜忙说：“我知道，我一定会加倍努力，争取不再给师姐你批评我的机会。”

经过这番谈话后，崔小羽对费娜的态度明显好多了，虽然有时还会批评她，但态度上温和了不少，也会选私下交流，不再当着其他同事的面让她难堪。

【剧析】

职场中，我们也会遇到这样的上司，对自己横挑鼻子竖挑眼，百般刁难，而且似乎没有什么好办法应对。如果当面顶撞，只会让矛盾激化，而对方又是你的上司，如果真闹得不可开交，最后走人的只可能是你。而如果一直隐忍不发，唯唯诺诺，则会让对方觉得自己软弱可欺，以后会更加肆无忌惮地批评。

很显然，费娜找到了第三条路，而且她成功了。她借着张教授的口，把崔小羽恭维了一番，同样是借着张教授的口，委婉地表达了对她的看法。而张教授又是崔小羽敬重的人，所以她欣然接受，对费娜的态度也跟着转变。

假如同样的话，是费娜自己说出来，效果肯定大打折扣，因为恭维的话会被认为是拍马屁，是有求于己，恭维是否发自真心就值得怀疑。而说“脾气急”。那就很可能被认为是挨批评了不服气。

【引剧论法】

那么什么时候适合借助他人之口替自己说话呢?

首先，恭维对方借别人之口更有效。如果你对初次见面的人或者地位比自己高的人说恭维的话，相信对方一定是将信将疑，而如果你借用别人的口，就能增加恭维的客观性和权威性。写议论文的时候，引用名人名言是增强说理效果的重要途径，而说话时借别人之口也能达到同样的效果。如果第一次见到一个女孩子，直接说:“哇，你好漂亮。”肯定就不如说“总听人说，你是个大美女，今天总算见到真人了，果然是名不虚传啊”。

其次，尴尬的事借别人之口更自然。孙犁在《荷花淀》描写几个青年妇女的丈夫都参军去了，她们都想去驻地探望一下，但由于害羞，不好意思直说，就各自找借口。其中一个就说“我本来不想去，可是俺婆婆非叫我再去看看他，有什么看头啊”。这样一说，本来害羞的事就变成是婆婆让去的，说出来也就很自然了。另外，比如生活中我们会遇到借钱不还的事，直接向对方要显得尴尬，这时我们也不妨借别人之口，比如说:“我老婆一直催着我，只好跟你张口了，借的钱什么时候方便还?”

最后，有风险的事借别人之口更保险。有些事情，我们无法预测结果或者对方的反应，比如西安事变时的张学良和杨虎城，就不能确定对方的心思，如果贸然说出自己的主张，可能引起后患。这时候，借用他人之言，就使事情有了进退的余地。生活中比如我们推荐别人买股票，最好别直接说我建议你买什么股，而是说“几个权威专家都说了，这只股票上涨空间比较大，是不是可以考虑一下?”这样即使以后股票亏了，对方也不会把责任算到你头上。

Tips：

▼借助他人之口，他人可以是生活中的人，也可以是古人或者名人。

▼夸别人或提建议，加一句“大家都这么认为”，效果会更好。

▼用激将法也可借他人之口，比如“小李和我打赌，说你肯定不会请我们吃饭”。

▼不能借助他人之口造谣生事，这样迟早会露馅儿。

换位说话，更有力量

《鬼谷子·权篇》曾对如何与人说话，有过精辟的论述，翻译过来是：“与聪明人说话，要依于博大精深；与渊博的人说话，要依于逻辑思辨；与逻辑思维能力强的人说话，要依于简明扼要；与高贵者说话，要依于宏大的气势；与富人说话，要依于高雅；与穷人说话，要依于利益；与地位低下的人说话，要依于谦虚；与勇敢的人说话，要依于果敢；与有过失的人说话，要依于进取。”

鬼谷子所有这些说话的要求，归根结底就是要我们说话时学会换位思考，不能自说自话，先看清对方的身份，然后“量体裁衣，对症下药”，站在对方的角度考虑问题，说出恰当的话，从而达到谈话的目的。而这在现代社会的人际交往中，仍很重要。

【小短剧】

老张所在的小区，最近连着发生了几起盗窃案，老张心里很不踏实，就花钱在自己家门口装了个摄像头。但有的邻居就不乐意了，认为这侵犯了自己的隐私，感觉心理上很不自在，于是向小区的物业反映，希望能让老张把摄像头拆了。

物业的小刘和小戴就选了一天中午，到老张家做工作。

大概说明来由后，小刘就劝老张说："张叔，最近小区发生了几起盗窃案，让您受惊了。这一点我们深感抱歉，但我们也跟公安部门协调过了，正抓紧破案，物业上也在小区增设了摄像头，还加强了巡逻，安全上现在应该是更有保障了。您看你们家门口的摄像头能不能取下来，有邻居反映侵犯了他们隐私。"

老张听了以后摇摇头说："你们装的摄像头没我装的照得清楚，他们谁要是觉得侵犯他们隐私，就让他们别从我门口走。我不拆。"

小戴这时候接着说："张叔，这你就说笑了，他们要回家必须从您门口走啊。而且有一点您也要想一想，现在邻居们都没装，就您家装了，如果真有贼来，他肯定会觉得你们家最怕偷，那肯定是最有钱。他们还不就惦记上了。所以，我觉得您可以把摄像头装在屋里，又能防贼，外面也看不到，邻居们也没话说。您看怎么样？"

老张低头想了一会儿，说："那还是照顾一下邻居的情绪吧，下午我就把摄像头挪回屋里。"

【剧析】

小刘在劝说老张时，相对来说话说得已经比较全面了，就盗窃案向老张表示道歉，还就小区保安，向老张说了整改措施，但却并没有说服老张拆掉摄像头，为什么呢？因为小刘说的这些，在老张看来，自己的摄像头，就是有邻居认为侵犯了隐私，自己利益并没有受影响，那我既然装都装了，干吗还要拆呢?

而小戴在劝说时，显然注意到了这一点，他就提出来“别人家没装，就你们家装，贼当然会认为你们家最有钱”，老张肯定也明白“不怕贼偷，就怕贼惦记”这个道理，所以答应把摄像头移回屋里，也就是顺理成章的事情。

与人谈话尤其是劝说别人时，学会换位思考更有效。古时候，有这样一个故事说，很多人拿着棍棒要打死一个偷东西的贼，一个老者过来说，你们扪心自问，谁没犯过错误。结果最后谁也没再打小偷，而是把他扭送到了官府。老者正是用了换位思考的方法去劝说，而他要教会这群人的也正是换位思考。

【引剧论法】

如何在与人谈话时做到换位说话?

首先，换位说话需要区分说话对象，对什么人说什么样的话。人有男女、老幼、文化程度、地域、性格等方面的差异，我们讲话要因人而异，比如对女性说话要比对男性说话更温和一些；对老年人用请教的口吻，对青年人多用激励的话；对北方人说话可以粗犷些，而对南方人说话要细腻些；对性格直爽的人说话，可以打开天窗说亮话，而对生性多疑的人，说话则要小心谨慎，避免引起对方不必要的猜疑。

其次，换位说话需要我们具有平等、平和的态度。只有认为大家都是平等的，才能更自然地站到对方的角度，在言语上的表现才会大方得体。而平和的态度则能防止自己被强烈的情绪冲昏头脑，说话完全以自我为中心，看不到对方的处境和难处，最终出口伤人。所以我们经常看到最没本事的人，指责起别人来却头头是道，而真正的强者和智者，却总是用满带善意和包容的话化解危局。

最后，换位说话要让自己真正站在对方的立场来考虑问题。说话之前先想想，如果自己处在对方的情况下，会采用什么样的手段，会做出什么样的反应。真正能做到这一点，我们与人谈话才更容易进入对方内心。一位专家说过："对于想要说服别人的人，最好的建议是激起某种迫切的需要，如果能把这点做成功，那么整个世界都是属于他的。"而要知道对方迫切的需要是什么，最好的办法显然就是站到对方的立场，使用对方的视角。

Tips：

▼不要只看到对方的错，更要看对方为什么错。

▼自己也做不到的事情，就别指责别人做不到。

▼可怜之人必有可恨之处，反之亦然。

▼己所不欲勿施于人。

话中带情，语中带感

三国曹丕和曹植竞争世子之位时，曹操出征，曹植当场吟诵诗赋，歌功颂德、文采飞扬，众人齐声喝彩。而曹丕一句话不说，就跪倒在曹操的马前哭个不停。结果此招很管用，在曹丕的"父子情深"映衬下，曹植显得诚心不足，最终在曹操那里丢了印象分。

而等到以后曹丕掌握政权想杀曹植时，曹植七步成诗"煮豆燃豆萁，豆在釜中泣。本是同根生，相煎何太急？"可谓真情流露，字字泣血，也最终唤醒了曹丕的手足之情，保住了性命。

而人与人之间的沟通也是如此，感人心者，莫先乎情，没有感情和心意，再漂亮的话也都是浮云。

【小短剧】

王女士上夜班，有一天下班走到高架桥下时，突然一把刀架到了脖子上，一个男人一边低声对她说“把钱交出来”，一边把她往桥边的小树林里拽。

王女士很害怕，但却没有惊慌失措，她跟歹徒说：“我们今天刚好发工资，2000 多块钱都在包里，你全拿走吧。但请你别伤害我，我的女儿 4 岁还不到。”

歹徒愣了一下，把王女士包夺了过来，继续往小树林里拽。

王女士接着说：“你肯定是遇到什么难处了吧？是不是急着用钱？”

歹徒停了下来，王女士说：“我在服装厂打工，每天累得头晕眼花，也就赚个五六十块钱。但如果这钱真能帮到你，我还是很乐意的，我不会去报警的，你放心。”

歹徒还是没说话，但是松开了王女士，头也低了下来。

王女士又说：“但希望你是最后一次做这种事，我有个弟弟就是一时冲动犯了法，坐了几年牢，老婆跟他离了婚，孩子也被带走了，现在肠子都悔青了，但有什么办法呢。”

这时，让王女士意想不到的事情发生了，歹徒把包还给了她，说：“我真是鬼迷心窍了，谢谢你，我以后饿死也不会干这事了。”说完就匆匆跑掉了。

【剧析】

王女士能逃过一劫，首先应该庆幸的是，她遇到的并非是一个穷凶极恶的歹徒，能迷途知返。另外，我们应该为她的冷静和充满人情味的谈话点赞，歹徒正是听了她的话之后，才决定中止犯罪的。

首先，王女士在说话中提到了不满4岁的女儿，可怜天下父母心，在中国尤其如此，即使歹徒自己没有子女，但他却身为人子，当能感受父母对子女的爱。然后王女士问歹徒是不是遇到难事急着用钱，这是她在换位思考，也说明她认为歹徒抢劫也是被逼无奈，会让对方产生共鸣，恶意自然也就会减了三分。

而接下来，王女士诉说了自己打工的辛苦，累得头晕眼花，工资也不高，这就会让歹徒动恻隐之情，感觉谁都不容易。到了最后，王女士拿自己弟弟的例子来劝他悬崖勒马，苦口婆心，也让歹徒感觉到对方的确是诚心诚意为自己将来打算。

所以最终他放了王女士，没有在犯罪道路上越走越远，某种意义上也算是“精诚所至，金石为开”。

与人谈话时，将心比心，最能触动人心，王女士的话中没什么大道理，也没什么花言巧语，但一字一句都真心实意，而且能设身处地为对方着想，最终感动了歹徒，也是帮自己化解了危机。

【引剧论法】

话中带情，语中带感，在人际谈话中至关重要，那么如何让自己的谈话充满感情、打动人心呢?

首先，说话时要有一个真诚的态度。曾经在战场上打败过拿破仑的库图佐夫也是一位社交达人，而他在一封信中说：“您问我靠什么魅力聚集着社交界众多朋友?我的回答是：真实、真情和真诚。”只有真诚的态度，才能让自己真正投入到谈话中，先让自己动情，然后让对方动心。相反，如果说话时心不在焉，就不可能和对方交心，更别谈什么打动对方了。

其次，要想谈话以情动人，现身说法很重要。尤其在谈话时试图安慰别人或者劝服别人时，现身说法更是不可或缺。王女士劝说歹徒时，举她弟弟的例子就是现身说法。以自己的亲身经历或者遭遇来安慰或者劝说别人，更容易引起对方的情感共鸣，对方会更加信任你，交流也会更投机。感同身受的经历会比无数大道理的堆砌更管用。

最后，谈话以情动人还要做到声情并茂。哲学家苏格拉底说“请开口说话，我才能看清你”，因为声音能透露人的内心，你是坚定勇敢还是胆怯懦弱，你是小心谨慎还是奔放热情，这些都能从你的声音中反映出来，所以说话有感情，不光内容上要有真情实感，声音语调也要配合着内容相应变化，最终加强说话的感染力，产生打动人心的力量。

Tips：

▼开口闭口大道理，最没有说服力。

▼用冠冕堂皇的理由掩饰自己的真情实感，只能骗过自己。

▼说话要根据表达意思的不同，附带不同的感情。

▼对于亲近的人，说话过于客气反而容易疏远感情。

沉默不语，晦涩表达

美国联邦储备委员会前主席格林斯潘，对20世纪90年代美国的经济繁荣功不可没，金融界当时流传着这样一句话：“格林斯潘一开口，全球投资人就要竖起耳朵。”而格林斯潘却每每在重大问题上三缄其口，即使讲话也是语意暧昧、模棱两可，让试图从他的讲话中寻找蛛丝马迹的华尔街投资者们大失所望。

格林斯潘本人后来也承认说：“我花了不少时间努力回避问题，因为我担心自己说话过于直白。最后，我终于学会了‘美联储局的语言’，学会了含糊其辞。”

在人际交往中，沉默和含糊其辞同样不可或缺，有些事情，不说比说更有效，含糊其辞比和盘托出更显智慧。

【小短剧】

温总开了家投资公司，最近想对一个水泥厂进行投资。前期，一直是他的助理和水泥厂方面在联系，相关材料他也很清楚，他们准备投5000万元，心理预期是能拿到5%的股份。后来，温总和水泥厂的赵总约好了时间，一起到水泥厂实地察看后，最终拍板。

不凑巧的是，到了约定的日子，温总的口腔溃疡又犯了，张嘴说话都疼，于是见了面，他跟赵总事先声明，今天不大能说话。

赵总带着温总在水泥厂参观，每到一个车间，赵总都详细介绍了生产流程、技术工艺等，温总面带微笑，一言不发。而因为事先熟悉材料，温总知道哪些技术这个水泥厂是领先的，哪些工艺又是落后的，所以听了情况介绍时，时而点头微笑，时而又轻轻摇头，不住地叹气。

参观完厂房后，他们来到会议室就投资事宜进行谈判，这时候温总仍是静静地听着赵总讲，赵总把水泥厂的战略规划和发展远景又进行了详细介绍，而每当被问到有什么看法时，温总又总是指指自己的嘴，简单说句“你说，你说”。即使到了最后，赵总问温总投资5000万元，具体想占多少股份时，温总仍是笑而不答。

这时，赵总终于沉不住气了，他说：“要不这样，我们给你6%的股份，实在不能再让步了。”温总笑了，说了声：“好，就照赵总的意思办。”

【剧析】

温总在投资谈判的关键时刻，得了口腔溃疡，不方便说话，本来这是很被动的事情，而却“因祸得福”，谈判的成果超出了预期，这是为什么呢?

说话中有条“沉默定律”，也叫“古德曼定律”，是说沉默可以调节说话和听讲的节奏。沉默在谈话中的作用，就相当于“零”在数学中的作用。尽管是“零”，却很关键。温总就很好地利用了沉默，他通过点头或者摇头让对方知道自己很懂行，又通过笑而不语让自己显得“深藏不露”。这样谈判时，相当于对方在明处，而自己在暗处，让对方难以琢磨，最终在谈判中取得了主动。

在日常生活中，我们并非所有人都有机会进行商务谈判，但在买东西时却经常需要讨价还价，这时我们不妨保持适当的沉默。有些人一上来就喜欢自己说个不停，把商品说得一文不值，然后开的价格不着边际，让老板火冒三丈，最后买卖不成不说，“仁义”也不在了。我们可以通过沉默，先让卖家讲，让他先开口说个最低价，我们再根据商品的“货色”和他的出价进行砍价，这样反而能收到预期的效果。

【引剧论法】

让沉默成为富有表达内涵的表达，让含糊其辞成为高明的沟通，如何才能做到这一点呢?

首先，要懂得审时度势，知道自己什么时候该闭嘴。有的人不分场合，什么时候都喜欢高谈阔论、滔滔不绝，成为让人反感的“大嘴巴”。而聪明人的做法是懂得言多必失，选择在合适的时候沉默不语。尤其人多的时候，要清楚自己的角色定位，不能喧宾夺主。比如商务宴请上，老板带着你去喝酒，本来老板有重要的话在酒桌上跟对方说，你却一会儿一个段子，让满桌人都听你一个人说，老板想插嘴都插不上。那么老板想对你说的一定不是“说得好”，而是“赶快闭嘴”。

其次，沉默能以静制动，但需要表情配合。竞技场上，选手之间通常会通过表情阅读对方的心理，谈话双方同样也会通过表情阅读对方的心理。善于沉默的人，用沉默隐藏自己的真实想法，让自己显得高深莫测，赢得对方的尊敬与信赖。但沉默的时候，表情要坚定沉着，给人一种胸有成竹的感觉，如果这时候你目光游离、满脸惊恐，对方只会认为你是六神无主，不知道说什么好了。

最后，沉默和含糊其辞，在职场上可以明哲保身。职场有时也是是非之地，会有明争暗斗，这时候要想保持中立，谁都不得罪，也要学会沉默和含糊其辞。当其中一方逼着你表达立场时，你可以选择沉默，实在无法回避时，你可以说些模棱两可的话来搪塞他，再把话扯到其他地方去，时间长了，对方会理解你的意思，也就不好再说什么了。千万不能两面讨好，最后闹得个里外不是人。

Tips:

▼守住秘密，是最应该做到的沉默。

▼沉默是一种态度，而不应该成为习惯。

▼让你的沉默显得你是在专注倾听。

▼含糊其辞容易让对方误会，运用时要把握技巧。

第五章

没有不会聊天的人，只是对方感觉不到愉悦

主要症状： 聊天中提不起对方兴趣，不能投入到与你的对话中，甚至感到一种压力及反感。

对症下药： 学会找准对方的兴趣点。

附和：给予对方认同感

熟悉美国前总统罗斯福的人，无不惊讶于他广交朋友的本领，无论是体力工人、体育明星还是外交家，他似乎总能和他们聊得热火朝天。而一位前耶鲁大学的教授回忆说，8岁那年他去姑母家玩，当时还是律师的罗斯福来访，得知他当时正对船入迷时，罗斯福和他谈论的话题总离不开船。罗斯福走后，这位教授向姑母称赞罗斯福对船的兴趣，而他姑母说，他对船没有兴趣，但他是一位品格高尚的人，见你对船感兴趣，所以就谈你喜欢的话题。

这位耶鲁大学教授的回忆，也许能帮助我们理解罗斯福为什么能广交朋友，他总能在谈话中时刻关注对方的兴趣所在，并加以迎合。这样的人，谁不喜欢和他交谈，和他做朋友呢？

我们在与人谈话时，也可以学一下罗斯福，找准对方的兴趣点，予以附和，迅速拉近彼此的距离，让交流更顺畅。

【小短剧】

小赵是一家装潢公司的推销员，他听说一家大公司要搬新大楼，正准备装修，就通过一位朋友，和该公司的陈总预约了一次见面，见面前，那个朋友反复叮嘱他说，陈总很忙，最多能给他10分钟时间，所以要长话短说，抓紧说重点。

到了见面那天，陈总在办公室接待了小赵，小赵打量了一下办公室，发现在对面墙上的显著位置挂了一张阿森纳足球队的合照。

两人寒暄过后，小赵就问："陈总您是阿森纳的球迷吧？"

陈总笑着说："是啊，从大学时就喜欢阿森纳。"

小赵说："那您可是真球迷，不是伪球迷。"

陈总又笑了，说："哦，这怎么讲啊？"

小赵说："阿森纳踢得好看但成绩却不怎么样，这事全世界都知道，中国有很多伪球迷，哪个球队成绩好球星多就喜欢哪个队，一旦成绩下滑或者球星走了，也就不喜欢这个球队了。所以陈总您一定是真球迷，虽然球队成绩不好，但一直不离不弃。"

陈总这回哈哈大笑："小伙子这你还真说对了，我就是喜欢他们行云流水的打法。"

两个人顺着阿森纳的话题，一直聊足球的事，越聊越开心，1 个多小时后到了下班时间，陈总热情地对小赵说："走，我请你到楼下喝啤酒，咱们接着聊。"

而在喝酒时，小赵才跟陈总提装修的事情，也最终拿下了订单。

【剧析】

推销之难众所周知，而小赵的朋友事先叮嘱他，陈总最多只有 10 分钟的时间留给他，似乎这次推销更是难上加难。而小赵却找到了足球这个兴趣点，巧妙地恭维了陈总，让对方有找到知己的感觉，下班后还把酒言欢，推销也在谈笑间完成了。

林肯曾经说过："我展开并赢得一场议论的方式，是找到一个共同的赞同点。"所以他在与人谈话时，即使是谈最敏感的蓄奴问题，也总能找到和对方的共同点，让谈话顺利进行。

生活中我们见到的推销员，并不都像小赵一样，能寻找恰当的切入点接近对方，他们往往因为急着想把东西推销出去，或者是用不着边际的夸赞拼命奉承对方，或者是用天花乱坠的语言吹嘘自己的产品，而这样的推销只会让对方皱着眉头走开。

【引剧论法】

每个人在内心深处都希望得到认可，我们了解这点，就能明白恰当的附和对谈话是多么重要，那么如何才能更好地附和，让交流更愉快呢?

首先，要找准赞美点。好的赞美点是沟通的一把钥匙，没有恰当的切入点，再漂亮的言辞，再多的论证，都会成为空洞的泛泛之谈。这时候我们不妨学一学卖服装的导购员，无论你选哪件衣服，她们总能给出合适的夸赞，最后让你掏出钱包，以“买到即赚到”般的愉悦说：“这衣服我要了。”我们在寻找赞美点时，越具体越好，比如你可以夸对方的脸色好，新买的包漂亮，孩子争气等。

其次，要记住附和不是盲目地拍马屁。拍马屁是过分夸大别人的优点，或者直接把对方的错误说成正确的，简而言之，就是为了让对方高兴，什么样的话都敢说。秦二世时的赵高之所以能指鹿为马，就是因为有一帮拍马屁的小人在围着他。而附和是突出对方的优点，尽量淡化缺点；突出双方的共同点，尽量淡化双方的不同点。附和需要尊重事实，把握尺度和分寸。

最后，要善于在附和时提出自己的希望。小品《有事您说话》中的郭冬临，被别人夸赞能买火车票后，宁愿自己不睡觉也要排队帮人去买，这其实就是被别人的恭维架到了不得不做的地步。当然小品里的人物是打肿脸充胖子，而生活中我们想找人办事时，却不妨在夸赞中说出自己的希望，比如“这件事只有你才能完成”、“我知道你的责任心强，一定能完成这个任务”、“你是我最好的朋友，一定会给我这个面子”这样的话，既让对方觉得有面子，又会促使对方朝着这个方向努力去做。

Tips：

▼附和不是恭维，否则你的语言会变得很廉价。

▼在不了解的情况下，不要盲目附和。

▼觉得对方说得有道理，勇敢地去附和认同。

请教：给予对方成就感

《论语》中有这样一句话："三人行，必有我师焉；择其善者而从之，其不善者而改之。"意思是说，别人的言行举止中，必定有值得我们学习的地方，我们看到别人的长处就要好好学习，看到别人身上的缺点，要反省自己身上有没有同样的缺点，如果有，就要加以改正。

向别人请教，不仅能让我们增长见识和本领，还能让人际关系更融洽，让自己有个好人缘，因为几乎每个人在骨子里都有"好为人师"的情结，总是想找机会展示一下自己的本领，有人向自己请教，自然能满足自己的表现欲，所以虚心请教，既是解决问题的手段，也可以成为获得对方好感的捷径。

【小短剧】

吴翔是一家平面设计公司的业务骨干，无论是资历还是能力，公司没人能比得上他，他还负责新进公司员工的业务培训，大多数人都称呼他“吴老师”。

公司最近接了一个新项目，对方是一个大型策展公司，要举办一个摇滚音乐节，请他们设计宣传海报。因为是双方第一次合作，公司想给对方留一个好印象，就把这个任务交给了吴翔。

可是吴翔本人对摇滚并不感兴趣，虽然临时抱佛脚，恶补了一下，但是对宣传海报要运用哪些表现元素心里并不十分有底。这时他就想到了公司的新进员工曹芒，他是个95后，是个摇滚迷，穿着打扮很另类，同事一起K歌时，他也总是唱摇滚。但他不是很合群，包括对吴翔似乎也并不十分买账，很少向他请教。

吴翔就找到曹芒说：“公司最近让我做一个摇滚音乐节的海报，但我对摇滚不是很在行，我觉得你对摇滚很有研究，能不能在这个项目上帮帮我？”

听到吴翔这句话，曹芒很是吃惊，他没想到吴老师会跟一个刚入职的菜鸟这样说话，他连忙说：“吴老师，有什么我能做的您尽管说。”

于是他们俩合作，设计这个摇滚音乐节的海报，合作过程中，曹芒贡献了很多大胆的创新想法，在海报中加入了不少时尚元素，而他发现吴老师也并非浪得虚名，许多设计手法精妙老到。最终海报面世后大获成功，而他们的关系也变得融洽了。

【剧析】

向别人虚心请教，不仅是职场新人的特权，老员工同样可以放下身段，“不耻下问”，吴翔就给我们上了生动的一课。

假如吴翔接到任务后，虽然对摇滚不是很在行，但是为了维护自己在公司的绝对权威，仍是强行独立完成，结果很可能是海报出来后效果很一般，对方公司也不是很满意，而对摇滚很懂行的曹芒看了以后更是嗤之以鼻，这显然不是一个好的结果。而吴翔却主动向新人请教，在给了对方成就感的同时，也让对方有了“士为知己者死”的决心。而在双方合作时，吴翔也展示了自身的业务功底，获得了曹芒的尊重，最终的作品也大受好评，这显然是一个多赢的结果。

两个结果大不同，而其中的关键点是虚心请教。请教是一种很好的学习方式，遇到问题时，请教不仅可以让我们学到新知识、新技能，又能在请教时表现出对对方的认可，拉近双方的关系，所以人在职场，随时准备向别人请教，绝对是一个好习惯。

【引剧论法】

如何通过请教别人，让对方有满足感，让自己有所收获，并增强交流效果。

首先，请教别人不仅是解决问题的办法，也可以是开口说话的策略。有问题我们当然要问，工作学习中，每个人都会遇到难题，而解决难题的最佳途径无疑是请教，向老师或同学请教，向领导或同事请教，通过请教，有针对性地解决自己的难题。有些人碍于面子，遇到问题不肯请教别人，最后耽误时间不说，还可能耽误事情。而有时，没有问题我们需要创造问题来问，特别是刚与人见面或初进职场，请教别人是寻找话题的重要途径，又可以给别人留下谦虚好学的印象。

其次，请教别人要有备而来。有备而来一方面是要根据对象身份不同，选择不同的问题，要确定对方能圆满回答问题。比如你问一个科学家娱乐圈的事，问一个不修边幅的人如何穿衣打扮，这不是请教而是找茬儿。另外，有备而来还意味着要清楚自己到底想问什么，清晰明白地发问，不能把一堆乱麻丢给对方，让对方听得云里雾里，不知从哪里开始解答。

最后，请教别人要注意表情语气和频次。态度上要尊重对方，表情语气上也都要显得毕恭毕敬，这样会无形中增强对方的成就感，对方会更加愿意“知无不言，言无不尽”，觉得只有这样才值得你的尊重。而向同一个人请教，则注意不能太频繁，这也是一种尊重，因为每个人都有自己的事情要做，一有问题就去问，无形中会打乱对方本来的节奏，时间长了，对方会觉得厌烦。

Tips：

▼多请教，少计较，职场上更受欢迎。

▼请教别人时边听边用笔记，会更让对方有成就感。

▼有问题对方回答不出来，要善于给对方打圆场。

▼多向对自己怀有敌意的人请教，有助于缓解关系。

倾听：你认真，他也会认真

美国知名主持人林克莱特曾在他的节目中，询问一个理想是当飞行员的小朋友：“如果有一天你的飞机飞到太平洋上空时，飞机所有的引擎都熄火了，你会怎么办？”小朋友回答说：“我先告诉飞机上所有的人绑好安全带，然后我系上降落伞，先跳下去。”

就当所有的观众哄堂大笑时，林克莱特仍专注地盯着孩子看，并发现他两行热泪夺眶而出，于是林克莱特继续问：“你为什么要这么做？”孩子说：“我要去拿燃料，我还要回来！还要回来！”

没有善于倾听的林克莱特，孩子将失去吐露心声的机会，观众也只会在童言无忌中哈哈一笑而不是收获感动。在人与人之间的谈话中，善于倾听有时甚至比说话更重要。

【小短剧】

小张是一家4S店的汽车销售员，这天店里来了一个客人朱先生，他上前接待。

但朱先生一边看着车，一边嘴里却骂骂咧咧的，原来他开车过来时，路上被追了尾，余怒未消，还在说对方司机的不是，后来还怪起了交警来得太慢。

小张一边陪着笑，一边应和着“就是，就是”类的话，跟着他在店里看，还建议他先坐下来喝杯水，先消消气。

朱先生后来也意识到了自己的问题，说：“真不好意思，这事跟你没关系。不过你的脾气真不错，能耐心听我讲这些。现在，你介绍下你们的新车型吧。”

几个车型介绍完以后，朱先生相中了一款车，准备签购车合同时，朱先生就笑着说：“我女儿今年高考考上了北大，我准备开着这车送她到学校。”

但小张还是忙着拿合同给朱先生看，把笔递到了他手里，说：“您看下合同细节，没问题的话就签吧。”

朱先生的脸立刻阴沉了下来，说：“小伙子，我突然觉得这款车好像也没那么好，我还是到其他店再看看吧。”

小张又劝了他几句，但这单生意最终还是没做下来，望着朱先生远去的背影，小张郁闷了。

【剧析】

眼看着要签合同了，客人却改了主意，一单生意也跟着泡汤，小张究竟错在哪儿了？

答案就是，没有将倾听进行到底。

朱先生刚进门的时候，小张做得很好，能耐心听他讲自己的窝火事，让他的情绪得到舒缓，客人对他这一点也很满意，已经决定购车就是对他最大的肯定。

但小张功败垂成，当朱先生说他女儿考上北大，准备开车送去学校时，小张很明显已经心不在焉，满脑子想的就是签合同的事情了。朱先生说这件事，很明显重点已经由车子转移到了女儿身上，他肯定希望听到的是小张的赞美，来满足一下他这个当爸爸的自豪感。可惜小张在猴急地让他签合同，失落加生气，他自然也就不想在小张这买车了。

如果小张当时能听出朱先生的弦外之音，及时给他女儿"点个赞"，相信结局肯定是另外一个样子。

所以倾听有时候需要很大的耐心，更需要用心。

【引剧论法】

用心倾听对方，了解对方的感受和内心活动，对沟通至关重要，那么如何才能做到真正地倾听，什么样的倾听才是好的倾听呢?

首先，要了解倾听的层次，努力做到最高层次的倾听。低层次的倾听是假装在听，耳朵竖着也只是做做样子，至于对方到底说了什么，根本就不在乎。稍好一点的倾听，在对方说话时，能点点头，或者简单地回应两句，表示认同。而最高层次的倾听则是全心投入地去听，随时感受对方情绪和内心的变化，在需要沉默的时候保持沉默，在需要给出安慰和建议的时候做出积极回应。

其次，要知道倾听也是一种能力，需要有意识地锻炼。倾听意味着你不能随便打断别人的话，不管是有意还是无意，这都是不礼貌的。另外在倾听时，要善于抓住对方说话的重点，尤其是对方情绪比较激动语无伦次时，更要在最短时间内弄清楚对方的意图，千万不要以责备的口吻说"你说的什么啊，乱七八糟的"，或者不懂装懂，说"你说的，我都明白，不用再继续说了”。再有就是你的眼神、面部表情、肢体动作都要调成倾听状态，这样才能让对方更顺畅地说下去。

最后，要学会反应式倾听。如果你倾听时全没反应，对方下次肯定就直接找一面墙说话了。反应式倾听需要你捕捉谈话重点，适时地给对方回应，回应可以是点头、拍肩这种动作，也可以配合着说话人的情绪，予以附和，比如说“是啊，这人怎么能这样”，“换作是我，我也会生气”，还可以针对说话人的苦恼，给出自己的建议，反应式倾听还可以像打乒乓球一样，你一句我一句地进行下去。反应式倾听，可以让讲话者增强想说的冲动和倾诉后的满足感。

Tips：

▼倾听时，注意对方的语气语调，同样的话会有不同的含义。

▼观察对方说话时的状态，也是倾听的一部分。

▼听别人说话时，要用恰当的肢体语言回应。

▼倾听时不打断对方。

▼用笔记、录音等方式表示自己的认真倾听。

语调：抑扬顿挫显美感

摩契斯卡夫人是波兰的一位明星，有一次在美国演出时，台下的观众请她用波兰语即兴演讲。于是摩契斯卡夫人开始用波兰语说话，她时而语调轻快，让人跟着也心情愉快；时而又声音低沉，让人跟着心情沉重；最后她慷慨激昂，在悲怆万分时戛然而止，台下的观众被她的悲伤所感染，鸦雀无声。而这时，她的丈夫在人群中笑了起来，原来她刚才只是在用波兰语背诵九九乘法表。

很明显，感染观众的不是九九乘法表的内容，由此可见声音语调的影响力有多奇妙。而在日常的说话中，使用合适的语气语调，对我们每个人来说都非常重要、不可或缺。

【小短剧】

单敏是一个公司的白领，最近闺蜜帮她介绍了一个男朋友叫马建，巧的是，他们俩还是校友，马建高单敏一级，他曾是校广播站的广播员。

见面后，单敏觉得马建的声音像广播员一样有磁性，而且抑扬顿挫起来很是好听。她跟马建说：“我喜欢听你说话。”

但约会了几次，马建的说话却让单敏觉得有些别扭。

因为马建无论什么时候说话，都像是还在广播站里播音，绷着一股劲，生怕哪一个字念得不准，或者腔调不够优美。单敏听的时间长了，都跟着觉得累。

而且在茶社、咖啡馆这种地方，本来是清幽的场所，尤其是恋人间说话，都是轻声细语的。而马建却还是在用他的“播音体”在唠家常，这让邻桌的人都会投来异样的眼光。

终于，有一次，单敏忍不住和马建说：“你说话的时候，能不能换个腔调？”

马建很吃惊，一板一眼地说：“你不是说喜欢听我说话吗？”

单敏说：“但你什么时候都像在念稿子一样，让我觉得有些累也有些怪。”

马建更吃惊了，继续用他的“播音体”说：“你们女人真是奇怪，既然好听，为什么不能一直这样说话呢？我还是觉得这样很好，也改不了。”

单敏无语了，他们的关系也就此结束。

【剧析】

能做校广播员的马建，音色条件自然是不错，抑扬顿挫的感觉也很好，单敏一开始也很喜欢听他说话，但是最终却因为不分时间和场合，永远用一种腔调说话，最终让单敏觉得受不了。

我们替马建觉得惋惜，他本应知道，播音和日常对话是两码事，播音要求字正腔圆、抑扬顿挫，日常说话更重要的是亲切随和，而约会的恋人间，说话则要深情款款，呢喃细语。如果马建仍准备用他的“播音体”谈恋爱，那估计只能找一个机器人女朋友了。

语气语调在生活中从来都是这么重要，同样的一句话，用不同的语调说出来，很可能就是完全不同的意思，比如夫妻间，吵架时老婆歇斯底里地喊“我恨死你了”，那肯定是真恨，恨不得拿刀砍。而如果是老婆眉目含笑，温柔地说声“我恨死你了”，那肯定是假恨，这只不过是夫妻间示爱的另外一种表达。所以，会说话，不仅意味着说话的内容要准确，还意味着声音语调的配合要到位。

【引剧论法】

给自己的话找语气语调，就像给货物找一种运输工具，只有找到合适的载体，才能让自己的话顺利抵达对方的内心，那如何才能运用合适的语气语调呢？

首先，要注意区分场合和对象，做到因人而异，因地制宜。跟初次见面的人要大方得体，跟领导说话要毕恭毕敬、不卑不亢，跟家人或者朋友则可轻松随意。在人多的正式场合发言，要注意放慢语速、提高声音、突出重点，要让更多的人听清楚。两个人间的谈话则可以放低声音、语调平和，话与话之间说得紧凑些，力求自然流畅。

其次，要掌控好说话的节奏。相声演员登台表演、领导发表讲话前，或在他们说到高潮部分，总要停顿几秒，等着台下安静下来，众人注意力重新聚集到他们身上再讲，这就是在控制讲话节奏。说话的节奏变化，会给听众不同的情绪感染，说得热烈急切，会让听众跟着紧张，说得沉稳缓慢，观众也会心情平静。在讲大家都知道的事、不太重要的事或者特别让人激动的事情时，语速可适当加快。而在需要特别强调或者需要努力克制感情，或者是谈话中含有重要的数据时，语速则可以减慢。

最后，要注意改掉说话时不良的语气语调习惯。有的人是大嗓门儿，在哪里说话都吵吵嚷嚷，这样会被认为是缺乏教养。有的人说话则是声音太低，唯唯诺诺，这样又会给人自卑、怯懦的印象。有的人说话像机关枪，一旦开口就停不下来，最后听的人却不知所云。有的人则是说得太慢，半天迸一个字出来，让人完全没有耐心听下去。还有的人说话喜欢打官腔，动不动就甩长音说“这个嘛，那个嘛”，听起来也很让人讨厌。这些都需要加以改正。

Tips:

▼愤怒的语气引发愤怒，生硬的语气制造对抗。

▼说话没有轻重缓解，会让人昏昏欲睡。

▼语气语调要张弛有度，不能含混不清。

▼给自己说的话录个音，能更好地感受自己的语气语调。

表情：给予对方看大片的感觉

“你怎么知道我在撒谎？”

“宝贝，撒谎是可以被看出来的，因为撒谎只有两种：一种生着短脚，一种是长着长长的鼻子。你就属于后一种。”

这是世界著名的童话《木偶奇遇记》中的一段对话，文中的小主人公匹诺曹在撒谎时鼻子就会变长，而说真话就会变成原来的样子。

在现实生活的谈话中，鼻子当然不会因为我们说了什么而变长或者变短，但有一样东西，却同样会“出卖”我们，那就是表情神态。透过表情我们可以捕捉到很多说话内容以外的东西，同样是通过表情，我们也可以表达出无法言传的意味。

【小短剧】

刘阳和蔡慧是一对大学里的情侣，周日的时候，蔡慧本来要约刘阳去爬山，但打了一天的电话，手机都关机，问他同宿舍的人，也都说不知道去哪儿了。

到了傍晚的时候，刘阳打电话给蔡慧，两人约在了肯德基店见面。

“你今天去哪儿了？怎么一整天都联系不到你？”蔡慧满脸怒容，质问说。

“我跟以前的高中同学到网吧打游戏了。”刘阳抿了一下嘴说。

“真的吗？那手机怎么还关机啊？”蔡慧眼中快要喷火了，直盯着刘阳。

“大家约好打一整天的游戏，谁都不许开机。”刘阳避开了蔡慧的目光，回答说。

蔡慧不再说话，嘴角闪过一丝轻蔑的微笑，眼睛仍怒视着对方。

“是真的，我想打电话给你的，但手机被他们藏起来了。”刘阳的头低了下来。

蔡慧仍不说话，脸上表情变得木然。

“我们真是打了一天的游戏，午饭都是在网吧吃的泡面，我没骗你啊。”刘阳搓着手，声音似乎是提高了音量，但明显缺少底气。

蔡琴依然沉默着，眼泪流了下来，她从座椅上拿起包，准备离开。

刘阳拉了一下她的手说：“对不起，我今天是去见女网友了，请你原谅我吧。”

蔡琴坚决地走开了。他们的关系也到此结束。

【剧析】

蔡慧没有质问刘阳太多，但她的表情就是最严厉的质问，刘阳倒是辩解得很多，但他的表情却彻底把他出卖，让他的谎言成为“皇帝的新装”，暴露在蔡慧的眼中。

蔡慧在谈话中，先是用愤怒的眼神直盯着对方，让他心里发毛，然后用轻蔑的微笑告诉他“我知道你在撒谎”，而接下来持久的沉默，会让对方越来越心虚，也会慢慢瓦解他负隅顽抗的意志，最后伤心流眼泪，绝望得要离去，则是彻底摧垮了对方的心理防线，逼着他说出了事情的真相。

反观刘阳，从说第一句话时的抿嘴，到后来躲避蔡慧的直视、搓手，都显示了他内心的紧张，而只有撒谎的人才会这么紧张。也只有撒谎者才会在巨大的压力下，坐卧不安、六神无主，对方的沉默又让时间变得特别漫长，他只能试图用语言填补这时间，试图让自己变得可信，而他的表情则让他无论说什么，都是苍白徒劳的。

【引剧论法】

交谈可以说是一门艺术，而谈话时如果表情丰富，则会给对方看大片的感觉，增强说话的感染力。那么如何读懂对方的表情？又该如何运用好自己的表情呢？

首先，说话时要学会看人脸色。看脸色也就是看对方的表情变化，不仅要看他说话时的表情，还要看他听话时的表情，要善于从表情中搜集情报，来判断对方讲话的可信度和他对此次谈话的兴趣度，并相应地调整谈话进程。比如对方说话和听话时一直左顾右盼、如坐针毡，那么他就有可能是有事急着要离开，这时候我们就要注意加快谈话进程。

其次，多了解一些“微表情”，更容易看懂对方内心。“微表情”，是心理学名词，最短可持续 1/25 秒，但却很容易暴露情绪。所以“微表情”又被称为“读心术”，我们如果尽可能多地了解“微表情”，也就意味着我们能更容易读懂对方的心，比如“快速地眨眼表示你很紧张或是很得意”，“膝盖来回晃动是逃跑的变形，可能很有心理压力，想赶快结束”等，了解这些对我们谈话都很有用。

最后，要根据说话内容和说话场合运用好自己的表情。举个最极端的例子，人家结婚时你肯定不能板着面孔，而参加葬礼时你肯定不能眉飞色舞。人都会喜形于色或怒不可遏，表情就会成为谈话者的内心“显示器”，而我们如果想通过“显示器”传递更多积极的东西，就必须学会用真诚的目光来展现自己的精神面貌，用自然的微笑表现你温暖宽容的心态。

Tips：

▼谈话时，目光和对方保持接触，有助于增强信任感。

▼大多数的谈话，用微笑做总结性的表情，都是最恰当的。

▼说话时，手势或动作太多的人往往不值得信任。

▼吃惊或者大笑等“剧烈”的表情持续时间过长，就有造假的嫌疑。

话题：失意人前不谈得意事

大文豪托尔斯泰曾经说过：“上帝有三个住处：其一是天堂，其余则是在慈善者以及富有同情心的人的心坎里。”可见在他心中，富有同情心是多么高贵的品质。

而同情心在我们的谈话中同样弥足珍贵，同情心主要是体现在对话题的选择上，要注意别在失意人前谈得意事，否则就是往别人的伤口上撒盐。一般来说，失意的人通常心情阴郁，也更容易记仇，你这时候有意无意间得罪了他，不知道什么时候，他可能就会加以还击，所以不在失意人前谈得意事，不光是为对方好，也不失为明哲保身的一种策略。

【小短剧】

韩楚和宋佳是同坐一个办公室的同事，也是经常一起逛街、K 歌的好闺蜜，1 个月前，她们在同一家驾校报名学车。

学了 1 个月后，韩楚因为性格外向，说话嘴甜，教练教得特别用心，她进步就很快。而宋佳性格则比较内向，反应也比较慢，所以教练经常训斥她，她也就没什么心思练车，水平没怎么提高。

一天，在办公室里，有另外一个同事问她们车学得怎么样了。宋佳没有吭声，韩楚兴高采烈地说了起来："我学得很好啊，感觉学车太简单了，就是加油门、刹车、倒车的事，太'小儿科'了，我最多再有两个月，肯定能拿到驾照。"接着，她看了一眼宋佳说："但宋佳就不一定了，听她说，她学得不是很好。但到时我拿了驾照，可以多教教她，完全爱心教学，全免费。"说完还哈哈笑了起来。看到宋佳没说话，韩楚又专门凑到她身边说："宋佳同学，你说我说得对不对啊？"

谁知宋佳突然站起来，涨红着脸说："你在我跟前嘚瑟什么啊，谁知你让教练占了什么便宜，他才这么上心教你的，我可干不出来这事。"

本来正说到兴头上的韩楚这下急眼了："你说什么呢，你怎么能这样血口喷人呢。自己笨就笨，还要别人跟你一起笨吗？"

同事见两个人吵起来，连忙劝开，但两个好闺蜜从此却形同陌路。

【剧析】

两人同时学车，眼看着韩楚进步明显，自己却毫无起色，宋佳的心情肯定会有点失落。而韩楚还当着其他同事的面，眉飞色舞地说这件事，虽然她可能是喜不自禁，并没有故意刺激宋佳的意思。但"说者无心，听者有意"，每个人都是有自尊心的，被自己的好闺蜜当众羞臊，不管是有意还是无意，总是件很没面子的事情，宋佳忍不住反唇相讥，倒是符合人之常情。假如韩楚能考虑到宋佳的心情，在对待学车这件事情上，在两人的私密谈话时，给对方以安慰和鼓励，相信她们的友情不仅不会破裂，反而会加深。

台湾作家刘墉曾说过这样一句话：“失意人前，勿谈得意事；得意人前，勿谈失意事。失意时交的朋友，得意时常容易失去；得意时得罪的朋友，失意时也难挽回。”我们在遇到类似的情况时，在准备开口之前，不妨仔细琢磨一下这句话，这会对我们决定如何说话大有帮助。

【引剧论法】

在谈话中对话题的选择上，不光是要“失意人前莫谈得意事”，还要学会寻找话题打开说话局面，学会转移话题应付尴尬局面。

首先，在寒暄时要找到合适的话题。一般来说，天气几乎是古今中外的人见面最常用的开头语，尤其现在雾霾天普遍比较严重，见面一起吐槽一下，无形中就拉近了距离。然后，就是最近发生的大新闻也可以拿来做寒暄的话题，在交流看法时，话也就会多起来。另外男人间的寒暄可以谈点政治、体育、军事方面的事，而女人间的寒暄不妨多说些育儿、服饰、美容等方面的话题，这些都更容易找到共同的兴趣点。

其次，在谈话时要善于找到共同话题。孔子说“道不同，不相为谋”，而没有共同话题，谈话同样没法更好地进行。寻找共同话题先要学会观察对方，通过细节发现对方的喜好，然后围绕喜好展开话题。比如你到对方家里做客，看到书橱又大又满，就不妨以书为主题。或者谈话中可以直接问对方的兴趣所在，然后以共同兴趣作为主要话题。在交谈中还要注意观察对方的反应，如果对方已经听得打哈欠了，那很明显，你应该转移话题了。

最后，在谈话中要善于转移话题应付尴尬局面。如何拒绝别人，又不会太扫对方颜面，转移话题就不失为一个好办法。比如别人求你办事，但这个事情如果办了就是违规，这时候你就不妨在他说这件事的时候先不回应，不说可以也不说不可以。而是牵引着他，聊其他有趣的话题，这样聊着聊着他也就明白你的意思，也不会太伤感情。

Tips：

▼人多时说话，发现大多数人都不感兴趣，赶紧闭嘴或转移话题。

▼轻松的话题更容易使交流热烈。

▼对方某方面失意时，话题不要涉及此方面。

▼发现某些话题让对方敏感时，迅速转移。

提问：引导对方来参与

记得有一次我去看房，售楼小姐问我："您现在住在哪里呢？"

"二七广场，火车站附近。"

"现在住的怎么样？有没有发现不舒服的地方呢？"

"人太多，太吵，交通不方便呀！"

"这的确是居住的一大问题，您看我们小区，绿化率高，环境好，大社区……"

那是我买房子决策最快的一次，售楼小姐的厉害之处在于她用提问引导我参与到了售房主题当中，同时，探知了我的需求。

在人与人之间的谈话中，总离不开提问，提问不仅可以帮自己答疑解惑、博闻强识，还可以帮助打开对方的话匣子，让沟通更顺畅。而好的提问更是能像吴小莉的提问那样，激发起对方的讲话热情，使对方更积极地参与到谈话中。

【小短剧】

小曹是一家公司的业务骨干，最近有别的公司找到他，许诺给他更好的待遇，想挖他过去。这事也传到了公司老板张总的耳朵里，小曹业务能力非常突出，如果去了竞争对手那里，此消彼长，会非常被动。所以张总决定找小曹谈一谈，想尽量挽留住他。

在张总办公室里，两个人说了几句闲话以后，张总就以开玩笑的口吻说："小曹，如果有一天财神爷下凡，被你给碰到了，你希望他能给你多少钱一个月的工资？"

小曹哈哈大笑说："哪会有这样的好事？"

张总笑着说："马云都说了，理想还是要有的，万一实现了呢？"

小曹也跟着笑道："那我就跟财神爷客气一下，一百万一个月吧。"

张总说："你还真够客气的，要是我遇到财神爷，我起码要他几个亿。"

小曹说："张总，还是你气魄大。"

两个人又都哈哈笑了起来，这时张总收住笑说："小曹，因为你表现一向突出，现在公司决定给你加薪，你想加到多少啊？"

小曹低头考虑了一下，报出了 1 万这个数，张总说："好，我虽然不是财神爷，但你这个愿望我倒是能满足，从这个月起，你的工资就涨到 1 万了。"

【剧析】

得知员工可能要跳槽，老板加薪挽留，的确不是那么容易谈的事情。如果张总上来就问小曹："听说有公司想挖你过去，他们给你多少钱，我们也可以比照着给你加薪，你想加到多少钱？"这立刻就会把两个人放到了对立面，就成了生硬的谈判，在这种气氛下，小曹或者是坐地涨价，狮子大开口。或者是觉得被公司知道想跳槽的事情，以后日子也不会好过，就铁了辞职的心。很明显，这两种结果都不是张总想看到的。

张总的提问相比之下，就显得很有策略，他压根不提跳槽的事，回避了剑拔弩张的可能性，而是以玩笑的口吻，引进了财神爷这个虚拟人物，让谈话的氛围既变得轻松，又能触及加薪这个主题，然后问题逐渐递进，在时机成熟的时候，询问小曹的预期工资，这时候小曹就会在轻松的心态下，认真清醒地考虑这个问题，给出的数字自然双方也都能接受。

当生活中我们提问题、尤其是敏感问题时，也需要这样循循善诱，遇到矛盾绕着问，制造良好的谈话氛围。

【引剧论法】

怎样才能在谈话中学会恰当的提问呢?

首先，提问要具体，不能太笼统，见面就问："你想怎么样？"只会让人如坠云里雾里。但具体不是指给出问题后，回答只能为是或者不是，这样不利于对话的开展。例如某电视台在比赛结束后，这样采访运动员，"你这次得了冠军，很高兴是吧？""你之所以能拿冠军，是因为平时训练很刻苦吧？"面对这样的问题，运动员除了说"是"，还有其他的答案吗?

其次，提问要考虑对方感受。尤其提尖锐或者敏感的问题时，更要设身处地为对方考虑，既要想办法探求事情的真相，又要力求保护被提问者的尊严或者隐私。提问要有分寸，要善于从侧面迂回提问，逐渐推进，要让尖锐、敏感的问题平稳过渡，营造良好的沟通氛围。同时语气语调中要透露出你对被提问者没有恶意或者偏见。

最后，提问可以成为委婉提建议的一种方式。在提问中包含自己的建议，这样既说出了自己的建议，又显示了自己对对方的尊重。而且提问式的建议，不仅下级对上级请示工作时可以这样说，上级对下级分派任务时，也可以适当地采用，比如当双方在某一个执行上出现分歧时，如果上级说“就照我说的办”，就会显得是在以势压人很武断。而如果上级这时说“我还是觉得我的方法更好些，就这样办了，好不好？”这不仅无损于领导权威，还不会伤到下属的自尊。

Tips：

▼提问能全面收集信息，活跃谈话气氛。

▼提问可节省时间，控制内容。

▼提问可引导对方思维。

▼提问能够缩小探讨范围。

第六章

没有听不懂的信息，只是不懂询问技巧

主要症状： 说者说完信息，听者听的似是而非，却不懂询问，或问的没有效果。

对症下药： 听不懂不怕，该询问的要勇敢询问。

听不懂，不会问，这是你的错

有研究表明，幼儿在一岁左右就可以听懂人说话了。从这个意义上讲，听懂别人说话仿佛是人与生俱来的一种能力。但是，在现实生活中，我们却常常会遇到这种情况：别人说的话，我们每个字都能听懂，但是这些字组合起来，我们却不能准确地理解它们的意思。这是为什么呢？其实，这是个很严肃的语言学问题，其中涉及发言人、听话人以及语境等多种因素，在此我们且不作详细考究。

我们今天要说的是“听不懂却又不去问”这一问题。听不懂别人说话就要问，在一问一答中，不仅解答了疑惑，又加深了沟通，何乐而不为呢？但是，我们也会遇到这种情况：当我们听不懂别人的话，想要询问时，却又无从问起。不敢问、无从发问成了困扰我们的一大问题。

【小短剧】

方方今年大四，即将毕业的她，找到了一家广告公司开始实习。她主要负责的是文案方面的工作。对于自己的实习工作，方方很满意。她很想能够在实习期结束后留下来，成为公司正式的成员之一。

所以，她工作时会格外努力，总是每天第一个到公司，最后一个离开。在工作中，她不仅努力做好自己的分内工作，还会在闲暇时帮同事做事。方方的努力很快就打动了同事，主管对她也很满意。这让方方觉得自己留在公司简直就是“十拿九稳”了。但是，后来发生的一件事，却打碎了她的这种自信心。

一天，部门开会，主管针对近期部门的一项业务进行了工作分配。这是一档美食节目的宣传工作。主管对该档美食节目的定位、目标人群、播出时间、特色等做了详细介绍，同时提出了客户的要求，并要求部门每位员工都要提交自己的方案。最后，主管问大家：“谁还有不明白的地方？”

“没有。”其他同事纷纷表示没有。这让原本有些地方没听明白的方方也不好意思发问了，生怕别人觉得自己是个“菜鸟”，能力不够。

就这样，半知半解地做好方案后，方方战战兢兢地把方案提交给了主管。快下班时，方方最担心的事情还是发生了。主管把她单独叫到了办公室。方方刚坐定，主管就一脸不悦地表示对她这次的方案很不满意，会议中明明说得清清楚楚，可是方方的方案中竟然还是把美食栏目的播放渠道写错了。原来这档美食栏目原本是一档网络节目，节目投放的主要平台是某视频网站，但是近期，由于节目越来越受大众欢迎，所以该栏目近期除了会在网络继续投放外，也会在本市电视台播出。但是方方由于对这个情况不了解，所以在做方案时就漏掉了这个重要信息。

听到主管的批评，方方很羞愧，都是由于自己没有听懂方案要求，加上不好意思问，所以才会出现这么严重的错误。

因为这个失误，对于自己在实习期结束能否顺利留在公司的问题，方方又开始迷茫了……

【剧析】

在现代职场中，方方的问题几乎所有刚刚离开校门踏进职场的“新鲜人”都会遇到。近年来，由于经济不景气，加之高校毕业生逐年增多，就业压力明显增大，大学生想要找到一份心仪的工作越来越难。初踏职场，方方这类“新鲜人”都想给同事还有上司留一个好印象，以期自己的职业生涯有个好的开始。

如何给同事和上司留一个好印象？恐怕很多人的回答都是：让同事和上司觉得自己工作努力，并能很好地胜任工作。让人看到自己的努力很容易办到，但是让上司觉得自己能胜任工作却很难做到。目前，很多人和方方一样，觉得能胜任自己的工作就是对于自己的工作什么都懂，什么都懂就意味着不需要发问。但是我们扪心自问，谁敢对自己说：我对我的工作没有任何疑问？

听不懂不可怕，可怕的是出现了问题不去解决，不懂却还不问，带着一知半解的状态去硬着头皮工作。对于初入职场的方方来说，工作中有不懂的地方很正常，勇敢提出自己的疑问，不仅不会让同事和上司觉得自己浅薄，相反还会给他们一个认真好学、虚心求教的好印象。这对于方方来说，只会是加分的点，而不是减分的点，会更加有助于公司领导对她的综合评价，增加她留在公司的可能性。

【引剧论法】

为避免出现类似方方的问题，我们要做好以下几点。

第一，调整心态，树立自信。我们在日常生活中经常会遇到这种现象：别人讲了一个笑话，其他人听了都哄堂大笑，但是你却不懂别人在笑什么，为了看上去不尴尬，于是你也跟着大家笑起来了。这和方方遇到的问题一样，都是由于心态失衡而引起自信心缺乏的问题。其实，这个时候，我们不妨勇敢地问一问他们在笑什么，这样我们会发现自己的疑问得到了解答，别人也没有因为你的询问而觉得你有什么欠缺。

第二，找准询问时间和对象。有疑问时并不是立马提出就合适，也不是非要询问当事者才可以。例如，我们在听一个讲座或者在上课时，若遇到了听不懂的地方，当场打断演讲者或者老师很不礼貌，也是不合适的，这时我们可以先暂时放置自己的问题，等到讲座结束或者下课时再问演讲者或老师，也可以问听讲座的其他人或者同学，这都是很好的解决疑问的方法。上剧中，方方觉得当众问上司不好意思，其实她可以私下里问同事，这样既不会有方方担心的给上司留下“坏印象”的问题，又可以和同事通过沟通工作沟通感情。

第三，学习发问技巧，正确提问。前面所说的敢于提问，并不说让大家对问题不做修饰地直接提问。询问是有技巧的，有时候我们常常会觉得对于同一个问题，别人提出来就是比自己提出显得更高深。这就涉及提问技巧的问题，涉及一个人的表达能力、逻辑能力、分析能力、协调能力、认识能力等，一定要多加练习，努力提高。

有位哲人曾经说过：“好问的人，只做了五分钟的愚人；耻于发问的人，终身为愚人。”马克思曾说：“当我们得到理解的时候，智慧是不会枯竭的；智慧同智慧相碰，就迸溅出无数的火花。”《论语》中也有“敏而好学，不耻下问”的语句。由此，我们可以看出，通过询问得到理解，是人获得智慧的重要途径，也是人们走向成功的基石。

Tips：

▼调整心态，树立自信。

▼找准询问时间和对象。

▼学习发问技巧，正确提问。

说者跑题，听者要拉回主题

人们做每件事都是有目的的，这个目的就是“主题”。写文章有写文章的“主题”，旅行有旅行的“主题”，谈话同样有谈话的“主题”。《黄帝经》中有“百言有本，千言有要，万方有总”的论述。其中的“本”、“要”、“总”就是我们所说的“主题”。

但是，在我们谈话时却常常会出现谈话内容背离我们的谈话主题的情况，这时就需要听话者及时拉回谈话主题，只有这样，这次谈话才是有效谈话，谈话的双方也才能真正实现谈话的目的。

【小短剧】

刚进报社不久的小刘十分喜爱这份工作，工作环境和同事间的工作氛围都很好，但就有一点让小刘觉得很奇怪：领导很爱开会，而且几乎每次开会都会超时。

起初，小刘觉得报社因为工作性质原因，开会是难免的。但是，小刘很快就发现事实并非如此。领导虽然每次开会的时候都会提前告知大家本次会议的主题，但是实际开会时却东拉西扯了一大堆不相关的事。最后，在超时很久的情况下，会议草草结束。

一次，行政部通知大家，下午16:00领导要开会，会议主要议题是近期报社准备举行的拓展活动，要求大家私下积极准备，会议上踊跃发言。下午16:00会议准时开始了。刚开始时，会议进行得很顺利，领导将报社近期准备举行拓展活动的目的告诉了大家，接下来，要求大家就活动形式和活动时间进行讨论。讨论很热烈，大家对即将开始的拓展活动，提出了多种建议，有说举行羽毛球比赛的，有说大家一块出去春游的……但是，也有人持反对意见，发行部门的主管老赵就说，以往每次举行集体活动，总有人不参加，或者参加不积极。

老赵的发言一出，好似引起了领导的共鸣，领导就各部门人员参与活动不积极开始，一路批判到大家不热爱集体，报社盈利下降……

最后，会议一直持续到18:30。下班时间早已过了，大家都饥肠辘辘的，领导终于想起要结束会议了。但是直到会议结束，关于即将举行的拓展活动的形式和时间还是没确定下来。领导又说，明天会议接着讨论。

小刘看着原本开开心心的大家，各个愁眉苦脸，陷入了沉思：领导开会的目的到底是什么呢？

【剧析】

小刘遇到的情况，不但在职场中，在生活中也是普遍存在的。短剧中，小刘领导的问题就是没有围绕主题展开谈话。会议本来的主题是要讨论即将举行的拓展活动，那么整个会议就该围绕拓展活动举行的时间、活动形式等问题展开。

短剧中，老赵是会议第一个"跑题"的。他把会议谈论的议题引导进了是否开展拓展活动上，但是会议一开始就说了要举行拓展活动。老赵"跑题"后，大家并没有及时把他引入正题，而是顺着他的话题开始，又引入了其他话题，就这样，话题越跑越远，最后大家都忽视了会议主题，会议也由一场本来是鼓励大家努力工作的奖励性质的大联欢，变成了一场批斗会。不仅没有达到会议目的，反而挫伤了大家参加活动的积极性，得不偿失。

其实，若是在发现老赵“跑题”后，有人能及时发现，并把大家引入正题，那么这种问题是完全可以避免的。

【引剧论法】

跑题一般可以分为两类：偷换论题和偷换论域。偷换论题是指转化谈论的议题，短剧中，老赵把原本已经确定要开展的拓展活动，转化为开不开拓展活动，这就是偷换论题。偷换论域是指偷换解决论题的平台和途径。例如，我们谈从经济方面来解决我国目前存在的环境污染问题，但是你却把话题引到了政治和道德方面，这是偷换论域。

出现“跑题”的问题要如何解决，这可以从说话者和听话者两方面来看。

对于谈话者而言，谈话要扣准主题，列提纲。谈话前要仔细思考谈话主题，谈话中不要过分延伸话题，始终围绕话题展开谈话，做到言简意赅。

对于听话者而言，当谈话者的话远离谈话主题时要及时把话题拉回来。如何拉回来?

首先，听话者要明白谈话主题，只有明白了谈话的主题，才能了解谈话的目的。若是听话者都不明白谈话的主题，他又如何能将话题拉回来?

其次，听话者要能听懂说话者的话，因为只有听懂了谈话者的话，才能发现他是否跑题。

最后，听话者要具有很好的谈话技巧，要恰当地拉回谈话主题。拉回主题并不意味着简单地打断目前正“跑”的话题，把原本的主题“拉”回来，这是一种简单粗暴的方法，并不是说它不可行，而是要分情况使用。我们谈话的双方，有时候大家是平等的很熟悉的人，这时候选择这种直接的方法是可行的，因为大家是平等的交流。但是若谈话者双方的地位不是平等，存在权利的失衡，这时候选择这种简单粗暴的方式就很不可取了。短剧中，小刘的领导跑题了，对小刘来讲，作为一名新晋员工，在还不充分了解领导的情况下，若盲目打断领导的讲话，把话题拉回正题是很不礼貌也很不明智的。这时就需要运用一点小技巧了。小刘可以先针对领导提出的大家参加活动不积极来展开话题，通过以往大家参加活动不积极来引导领导思考原因，进而提出针对这种情况，今年的拓展活动采取何种方式才能提高大家的积极性，这样就能一步一步地把话题“拉”回来了。

洛克说：“一个理性的动物，就应该有充分的果断和勇气，凡是自己应做的事，不应因里面有危险就退缩；当他遇到突发的或恐怖的事情，也不应因恐怖而心里慌张，身体发抖，以致不能行动，或者跑开来去躲避。谈话中，‘跑题’是非常常见的，但是要纠正却也不难，因为我们都是理性的动物。”

Tips：

▼要明白谈话主题。

▼能听懂别人的话。

▼具有很好的谈话技巧。

不明白的地方，及时发问

发问是指口头向人提出问题。发问，又可称询问、提问等。生活中，我们很多地方都会用到发问。例如，课堂上，老师讲的知识点，你不太明白，这时就可以询问老师；到商场买东西，看到一款最新的洗发水，你想了解它的功效，这时就可以询问导购员；逛街迷路了，这时你就可向周围路人或警察询问……以上种种发问的场景，都有一个共同之处，那就是有疑而问。

普列汉诺夫说："有教养的头脑的第一个标志就是善于提问。"巴尔扎克说："问号是开启任何一门科学的钥匙。"由此可见发问精神的可贵及重要性。通过发问，我们增长了见识，通过发问我们增进了沟通。发问就像是一盏明灯，照亮了我们通向知识的殿堂；发问又像是一座阶梯，使我们走进彼此的心里。因此，若有疑问，就要及时发问。

【小短剧】

即将毕业的小赵，和她的大多数同学一样，每天奔波于各种不同的招聘会。每天，寝室的同学们交流当天面试的趣事就成为了她们忙碌生活的调剂品。

一天，同寝室的小张向大家描述了她面试时遇到的场景。面试官问了小张一个问题："你的专业和所应聘的岗位完全不对口，我想知道你觉得你的优势在哪里？"

"好犀利啊！答不好恐怕直接就给刷下来了吧。"

"是啊，现在还有几个找工作的是专业对口的。"

"那你怎么答的？过了吗？"

"凭我的机智，当然是成功应对，根据我对他们微表情的观察，很快我就可以收到录用通知了。"

"快说说，你怎么答的？让我们也知道你这个王婆是怎么卖瓜的？"

"想知道啊！才不告诉你们呢，这是秘密。"

尽管一旁的小赵一直没有插嘴，但心中的好奇细胞的确被勾起来了，她也想知道这个问题要怎么回答才合适。可是一看小张那扬扬得意的样子，她就没有兴趣再和其他室友一样缠着她追问下去了。转身戴上耳机，继续沉浸在音乐的海洋里，放松思维。

过了几天，小赵投出去的简历也终于有回复了，一家公司通知她第二天去参加面试。面试时，小赵十分镇定，因为她已经尽可能地做好了万全的准备，尤其是一些面试中常会被问到的常规问题，她都准备好了答案。除了个人情况，就连可能被问到的自己对面试公司情况的了解，她也准备得十分充分。从容作答后，小赵暗暗观察面试官的表情，从目前情况来看，十分乐观。就在面试接近尾声之时，一个熟悉的问题抛了过来。

“你的专业和我们所要求的并不对口，相比其他专业对口的应聘者，你的优势是什么？”

小赵顿时觉得脑子里一片空白，但她知道，一定不可以说“不知道”，她需要表现出一个积极自信的态度。于是，她说：“可能对于目前的我来说，这个领域是完全陌生的，但是我认为，只要有一颗真诚的心和积极学习的态度，即便是专业不对口，只要给我时间，我一定可以胜任这份工作。”

小赵杂乱的心绪让她已经从面试官的脸上看不出结果了，她能做的只有“等通知”。

几天之后，正如小张所料，她成功被录用，已经成为了上班族，小赵却等来了委婉的拒绝。她觉得极有可能问题就出在最后一个问题上，面对和小张不同的结局，她也十分好奇——小张到底是如何回答的。同时她也不禁后悔，如果当时硬着头皮问问小张该多好，起码有个参考，也不至于在面对同样的问题时表现得那么慌乱和语无伦次。

【剧析】

先不说小张是如何回答，就小赵的回答而言，无疑是没有说服力的。可以说，这是一个常见的、十分教条式的甚至有些敷衍的回答，只表决心，却拿不出说服力。对于一个公司来说，与其招进来一个“完全陌生，需要时间学习领悟”的门外汉，还不如招一个专业对口，对行业有一定了解，即便没有实践，起码理论功底很扎实，同样是学习，后者需要的时间要少很多，很快就可以发挥工作效用，为公司创造效益。

所以，对于这个问题，像小赵这样专业不对口的应聘者在回答时，表态是必要的，但关键点在于要告诉对方“自己是有用的”，设法找到自己专业与公司的业务或职务的联系，讲明自己所学专业在公司或具体职务中的效用，让对方知道自己可以一专多用。这样恐怕胜算就会更高一些。

现代生活，节奏越来越快，与此相对应的，人们也越来越浮躁，我们越来越没有耐心静下心来自己寻求问题的答案。这时，及时发问并得到别人的解答就愈显重要了。

对于上剧中的小赵而言，她的问题除了与自身的不认真有关外，与她有问题却不及时提出也是有很大关联的。

有了疑问却不提出，疑问慢慢积累。原本小的疑问，就有可能造成不可挽回的后果，让我们追悔莫及。试想，若是小赵当初在大家讨论跨专业应聘这个问题时能够积极参与进去，心有疑问就及时问出来，寻求解答，恐怕之后的面试便会是另一个结果了吧。

【引剧论法】

陶行知说：“发明千千万，起点是一问。禽兽不如人，过在不会问。智者问得巧，愚者问得笨。人力胜天工，只在每事问。”戴震学习时，总是乐于向老师提问，生活中也善于向别人请教问题，终使自己成为一代思想家。卫国大夫孔文子聪敏好学，不耻下问，终受封谥号“文”。由此可见，发问是获得知识的起点，是成就自己的阶梯。

发问可分为有效发问和无效发问。无效的发问对于我们来说没有任何意义，因为它并不能使我们得到有意义的解答。只有有效的发问才是我们真正需要的。

做到有效发问首先要善于倾听。只有善于倾听的人才能发现别人话中自己的疑问之处，从而有针对性地提出问题，并得到解答。

做到有效发问，要注意因地制宜、因人制宜。同一个问题，面对不同的场景和不同的人要有不同的表述方法，只有这样，才能得到我们想要的答案，也才能达到发问的目的。

做到有效发问，还要注意投其所好。我们发现了问题，也提出了问题，但是是否愿意回答，回答问题是否用心，这不是我们所能左右的。这时我们就需要投其所好了。知己知彼是投其所好的关键。我们只要对某个人有了一个大概的了解之后，才能投其所好。从而使我们提出的问题，别人不仅愿意回答，而且愿意毫不保留地回答。

但是，投其所好，也要找到切入点。一个人的爱好有很多，我们不能漫无目的地去投其所好，而要有针对性。透过我们要问的问题，找到投其所好的切入点，通过利益共享或其他多种交换模式，就可以很好地实现我们发问的目的了。

Tips：

▼要善于倾听。

▼要注意因地制宜、因人制宜。

▼要注意投其所好。

▼注意投其所好中，要找到切入点。

提问要有针对性

我们常说，对人、对事要对症下药，古代也有“有的放矢”的成语。这些说的都是办事要有针对性，提问同样也是如此。只有有针对性地提问，把握恰当的问题，我们才可能使提问真正有效，才能达到提问的目的，也才有可能事半功倍。

有针对性地提问是一项优秀的品德，它不仅与我们的能力有关，同时与我们的德行也有关。古犹太箴言中说贤人有七德：“一是不班门弄斧，二是不打断他人的话，三是不急于求成，四是提问要有针对性，五是解答要符合情理，六是谈话要有始有终，七是要立足于实际。”由此可见，能否做到有针对性地提问是衡量贤人与否的一项必要准则。

【小短剧】

小吴大学毕业后，进入了一所小学做数学老师。在上学时，老师经常告诉他们：对于小学生而言，联想教学是一种很合适的教学手法，通过联想不仅能够很轻易地达到教学目的，而且还可以培养学生的想象力，一举多得。小吴牢牢地记住了老师的教导，在上课时也总是身体力行地贯彻老师的教诲。慢慢地，小吴觉得虽然学生的想象力很丰富，但是使用联想教学法并不能很好地达到她的教学目的。

一天，小吴在教学生学习认识面积时，展示了一个广场的图片。

小吴问学生：同学们，大家都看到了什么？

学生1：有一个长方形的大广场。

小吴：对，还有什么？

学生2：广场中间还有个小花坛，里面有各种各样的花。

小吴：嗯，大家回答得都很不错，但是还有呢？

学生3：哦，广场的长是40米，宽是30米。

小吴：很好！同学们看得很仔细，还有什么？

学生4：中间的那个花坛是个长方形的，它的长是4米，宽是3米。

小吴：这位同学观察得真仔细，还有谁要说吗？

学生5：大广场的地上铺了很多瓷砖。

小吴：是啊，有很多的瓷砖，同学们再看一看，还能发现什么？

学生6：这些瓷砖都是一样的，它们的长是0.4米，宽是0.3米。

小吴：这位同学的眼力也很好，还有什么？

学生：……

小吴：同学们再仔细看看，一定还能发现更多的问题。

学生：……

小吴“启发”了半天，学生们还是无动于衷。最后小吴只得自己说：这三个长方形的长和宽之间有什么关系呢？同学们能看出来吗？

小吴本来是想通过让学生说出三个长方形的长和宽之间的关系，继而引入面积的概念，最后导入课题的。但是由于学生的“不配合”，最后并未顺利达到她的预期，只好草草结束学生的联想，匆匆进入话题。

“为什么会出现这种情况呢？我明明是按照老师的要求做的啊，为什么不能顺利实现教学目标呢？”对于这些问题，小吴百思不得其解。

【剧析】

课堂教学中，提问是老师经常使用的一种教学方式。通过提问不仅可以使学生积极参与课堂教学，引发学生思考，启发学生思维，调节教学气氛，而且还可以让老师尽快掌握学生学习情况，检验教学成果。

上剧中，小吴的问题出在提问没有针对性上。虽然，小吴的出发点是好的，她想让学生通过联想，来进入新课题的学习，但由于缺乏对问题的精心设计和组织，在提问时，问题显得很宽泛，没有针对性，而且还有很多低效甚至是无效问题的出现，所以结果可想而知。

课堂提问绝不是随便的提问，每一个问题，我们都需要精心设计，并且在问问题时，要引导学生朝着我们的预期去回答。只有这样，提问才是有效的。

对于小吴来说，在提问时，她可以先给自己的问题找一个明确的“方向”，然后自己所有的提问都朝着那个“方向”努力，自然就可以达到教学目的了。例如，小吴在上课时，拿出图片这样问学生：“同学们，卡片中广场的长是多少？”“花坛的长是多少？”“瓷砖的长是多少？”“这三个物体的长之间的关系是怎样的？”同理，再问宽。最后再问学生知道了长和宽之后，如何计算面积。就这样，一个问题接一个问题地把学生引入课题，何愁不能达到教学目的！

【引剧论法】

有针对性地提问，分对人和对事两方面的提问。

对人而言，要做到有针对性地提问，就要做到知己知彼，要了解他的特点、专业、爱好、禁忌等，只有了解这些，我们在提问时才能做到趋利避害，达到提问的目的。其实，这和我们所说的“见什么样的人，说什么样的话”有些类似。若是我们问一个农学家，对天文景观有何见解；又或者问一个佛教信徒，对于基督教义的了解，这明显是不能达到提问目的的，甚至还可能会让我们陷入尴尬的局面。

对于事而言，要做到有针对性地提问，就要注意提问的角度，找准切入点，避免问题过于笼统，减少无效的提问，做到有方向地提问。

同时，做到有针对性地提问还要注意问题的难度。问的问题要适度，太难了，回答不出，不能达到提问的目的；太简单了，又没有问的必要了。提问的问题要在通过思考可以解答的范围内。对于课堂教学而言，这点尤为重要。对于学生而言，若提问的问题太难，会挫伤学生的学习积极性；若是太简单，又不能开发学生的思考能力，不能达到教学目的。

最后，提问要有针对性，还要注意提问要有一定的梯度。有针对性不意味着我们在提问时就要一针见血地直至要害。并不是说这样不好，但是通常情况下，太直接地提出我们的目的，显得过于粗暴，会引起人们的反感，从而阻碍了我们提问目的的实现。有梯度的提问就是我们平时所说的循序渐进。通过一个个有“方向”的问题，逐步实现提问目的。

好的提问能引发人的思考，提高人的注意力。同时也能加深交流，提高表达能力和逻辑思维能力。因此，我们要重视提问的重要性，做到好提问，提好问。

Tips：

▼要做到知己知彼。

▼注意提问的角度，找准切入点。

▼注意问题的难度，问的问题难度要适度。

▼提问要有一定的梯度，要注意循序渐进。

提问要有逻辑性

“逻辑”这个词，在我们生活中出现得越来越频繁，我们常说，说话做事要有逻辑、思考要有逻辑，学习要有逻辑，等等。甚至现在市面上也有很多书直接以逻辑来命名。那么究竟什么是逻辑呢？逻辑是指思维的规律和客观规律。逻辑性是指事物发展过程符合逻辑体系，具有逻辑特点，恪守逻辑规则的情况。

英国哲学家、作家培根说：“读史使人明智，读诗使人灵秀，数学使人周密，科学使人深刻，伦理学使人庄重，逻辑修辞使人善辩，凡有所学，皆成性格。”由此可见，逻辑对于人的语言表达能力有着极其重要的作用。有逻辑性的谈话，可以使听者清晰地明白我们谈话所传达的意思，既便于交流，又可避免产生误解。提问同样如此。

提问是一个提出问题并期望得到解答的过程，只有提出的问题得到了解答，才算最终实现了提问，也就是这个提问才是有效的。如何让我们的提问成为有效提问，逻辑性就是一个重要的因素。有逻辑性的提问，既可以让被提问者明白我们提出的问题，又可以引发思考，达到事半功倍的效果。

【小短剧】

小刘是一所高中的地理老师，因为年轻，教学经验并不丰富，但是小刘教授的班级在学习地理方面的积极性有了很大的提高，成绩也位列年级前列。其他老师向小刘“取经”，小刘说她成功的秘诀就是：有逻辑性的提问。例如，一天小刘要讲关于环境保护的重要性时，她是这样引入课题的。

小刘：今天我给大家带来了一张图片（密西西比河流域图片），大家告诉我这是哪里？

学生：密西西比河流域。

小刘：很好，这是18世纪下半叶的密西西比河流域，当时该流域的环境如何？

学生：环境很优美，山清水秀的。

小刘：当时密西西比河流域人们主要从事的活动是什么？

学生：农业。

小刘：这是另外一张19世纪时密西西比河流域的图片（展示另一张图片），而到19世纪末的时候，该流域的生态环境又发生了怎样的变化？

学生：生态环境恶化。

小刘：这时候人们以什么生产活动为主？

学生：工业。

小刘：有没有农业生产活动？

学生：棉花种植。

小刘：19世纪末，该地区为什么以工业生产活动为主？

学生：出现了第二次工业革命。

小刘：为什么出现了工业革命，该地区的环境就遭到破坏了呢？

学生：工业生产活动对该地区进行了掠夺式的开发。

小刘：该地区出现了哪些环境问题？

学生：土地退化、植被破坏、环境污染。

小刘：你现在认为当时人们的开发正确吗？

学生：不正确。

小刘：但是，在19世纪末的时候，应不应该开发密西西比河流域？

学生：应该。

小刘：当时人们没有意识到开发会产生这些问题，所以他们认为是合理的。密西西比河流域的开发，对我们现在的流域开发有什么启示？我们应该采取什么样的态度？

学生：要注重人与自然和谐发展，用持续发展的观点来进行生产活动。

就这样，小刘用一个又一个问题既顺利地导入了新的课题，又复习了之前学过的知识，可谓是一举多得。

【剧析】

课堂中，提问既是老师的一种教学手段，又是启发学生思考的一种方式。科学的提问，可以提高学生的能力，培养其创造性思维和批判性思维。在课堂中，如何做好提问呢？上剧中的小刘在引入课题时的提问就很好地为我们提供了一个范例。

提问的根本目的是为了得到解答，为此，我们在提问时就要有一个策略。上剧中的小刘，在提问之前首先对问题进行了一个预设，她预先设想了学生可能回答的答案，然后在学生回答了问题之后，从答案中开始设置新的问题。就这样通过不断地提问→预设答案→提问→预设答案→……逐渐进入课题。

同时，小刘在提问时很注重人们的认知规律和问题的系统性。在提问时，这些问题由浅入深，逐层递进，通过不停地追问，使问题之间产生逻辑联系，自然地把问题串成一串，形成问题链。然后通过学生解答这些问题的过程，把课题自然地引入课堂。

所以，像小刘这样有逻辑性的提问，得到学生的喜爱和好成绩就不难理解了。

【引剧论法】

提问的目的是为了获得解答。为了使我们的问题得到解答，就必须确保我们的问题是有效的提问，而有逻辑性的提问正是做到有效提问的一个重要保证。

要做到有逻辑性的提问，最重要的一点是要明白提问的目的。只有明白了提问的目的，我们的提问才能始终围绕这个主题展开，而不会“跑题”。

要做到有逻辑性的提问，还要使提问符合人们的认知规律。人们的认知都是由浅入深、由低级到高级、由已知到未知的，提问一定要做到由浅入深、层层递进。以上剧中的小刘为例，若是她提问的问题涉及的知识学生都没有学过，那就算是她之前已经预设了答案，学生也回答不出来，学生答不出她的提问，那这个提问就是无效的，当然也无法达到她的教学目的。

要做到有逻辑性的提问，还要做到提问简洁、有条理。烦琐的提问，会影响人们注意力的集中，使人产生不耐烦的感觉。杂乱无章的提问，则会模糊谈话主题。这些都是无逻辑性的体现，不利于实现提问目的。

最后，做到有逻辑性的提问，有好的逻辑思维能力也是必不可少的。逻辑思维能提高人的分辨能力，帮助人们独立思考；逻辑思维能增强人的表达能力；逻辑思维能提高人的学习能力；逻辑思维能开发人的创新能力。逻辑思维能力是做到有逻辑提问的基础。

有逻辑性的提问是一个值得深入探讨的重要课题。它是有效提问的重要一环，因此我们必须正确地、科学地、认真地对待它。

Tips：

▼要明白提问的目的。

▼提问要符合人们的认知规律。

▼提问要简洁、有条理。

▼要有好的逻辑思维能力。

开放式提问运用

提问的方式有很多，如封闭式提问、开放式提问、祈使式提问、透射式提问、间接式提问等。在不同的场合，要注意选用不同的提问方式，这样才可能实现提问目的。

作为常用的一种提问，开放式提问常用在提出比较概括、广泛、范围较大的问题的情境下。它对回答的内容限制不严格，给被询问者以充分自由发挥的余地。在询问时多使用“什么、为什么、怎么”等词，从而引导被询问者做出解释、说明式的解答，而无法使用简单的“是、不是”等回答。其优点是既可以使提问者更加深入地了解对方的真实想法，获得额外的解答，又可以激发被提问者交流的兴趣。因此，开放式提问常被运用在访谈场合。

【小短剧】

小李和小王是同一家公司的销售员。几个月下来，小李虽然每天勤勤恳恳、早出晚归的，但是销售业绩却没有什么明显提高。而小王每天按时上下班，从不加班，但是业绩却不断提升。小李把自己的困惑告诉了小王，小王笑着对他说："不妨我们向同一个客户推销我们的产品吧。"小李同意了。

小李：张总，您好，我是 ×× 财务软件代理公司的小李。

张总：有什么事吗？

小李：我们公司最近新代理了一种财务管理方面的软件，我听说咱们公司目前还没有使用这方面的软件，所以我想向您推荐一下我们的软件。

张总：谁说我们没有使用财务管理软件的，我们这么大的一家公司怎么可能不使用财务管理软件。你们搞错了。

小李：是这样吗？那咱们公司使用的是哪个公司的软件呢？

小李的话还没说完，对方就挂断了电话。

小李无奈地看了一眼小王，小王笑着拨通了电话。

小王：张总，您好，我是一家财务软件开发公司的小王，有几个问题我想向您咨询一下？

张总：什么问题？

小王：张总，最近经常有公司向我们询问，关于库存管理、产品分类管理，以及账务管理方面的问题，希望我们开发一款这方面的软件，不知道您在这方面有什么好的建议没有。

张总：其实这个问题我也很烦恼。我们公司虽然在财务方面有专人负责，但是办事的效率很低，而且出错率也很高，特别是人员流动的时候，财务漏洞更多。不知道你们有没有好的解决办法？

小王：张总，我请问下，咱们公司目前使用的是什么管理软件？

张总：我们公司目前还没有使用管理软件，我觉得人工做账就可以了。

小王：确实，现在手工做账的公司也很多。不过向我们咨询的那些公司也都是手工做账的，只是由于工作分配得不够细致、没有条理，所以出了一些问题。不过现在这些问题都解决了，工作效率也提高了很多。

张总：是吗？他们是怎么解决的？

小王：他们使用的是 ×× 财务管理软件，这款软件不仅节省了人力，而且每天都能够了解今天的产品进、销、存，畅销产品、滞销产品比例，进出账情况，欠账、拖款情况等。

张总：是吗？这款软件真的这么有用？在哪儿可以买这款软件呢？

小王：这样吧，张总，我下午 3 点到你们公司，您方便吗？我把软件带过去，顺便给您的员工讲解如何使用这款软件，可以吗？

张总：好啊，非常感谢，下午 3 点我等你过来。

小王：那好，就不打扰您了，再见张总。

张总：再见。

看着小王放下的电话，小李陷入了深深的沉思。

【剧析】

现代销售是一门很讲究策略的学问。好的销售员会事先思考两个问题：一是提问的目的是什么，想得到什么样的结果。要弄明白这个问题就不能漫无目的地对客户进行提问，浪费双方的时间。二是采取什么样的方式进行提问，即如何提出问题。不同的提问方式，得到的答案可能是截然不同的。因此，提问要做到恰到好处，让问题得到满意的解答。

上剧中的，小李和小王就向我们展示了使用不同提问方式所得到的不同结果。在小李的销售过程中，他知道自己说话的目的，但是由于没有把握好提问的方式，让别人听着很不舒服，所以，即使张总有需求，他也不会买。小王就不同了。在谈话中，小王采用了开放式的提问方式，让张总愿意接受问题、回答问题，而且愿意提出自己的观点，表达出自己的真正想法。这样，根据张总的回答，采取有效的沟通方式，小王才顺利地实现了自己的目的。

【引剧论法】

前面我们提到了开放式提问有诸多的优点，但是它也存在着问题松散和自由，难以深度挖掘的毛病，不便于资料汇总、统计和分析，难以进行量化处理以及容易“跑题”等缺点。为了避免出现此类问题，我们必须采取一定的措施。

采用开放式提问之前，一定要明确提问目的，问题围绕目的展开，不要跑题。

采用开放式提问时，问题一定要具有逻辑性，问题要循序渐进、前后呼应，通过一问一答，使问题串成一个问题链。

采用开放式提问要建立在良好的沟通关系之上，把握好度。否则，就容易使被询问者产生被询问、被窥探的感觉，从而产生抵抗心理。因此，在提问时要注意询问的语气，既不能轻浮，又不能咄咄逼人或指责，尤其是涉及一些敏感问题时。我们提问是因为我们有这个需要，而不是为了满足自己的好奇心。

采用开放式提问时一定要注意对被询问者进行引导，诱导对方朝我们预期的方向回答问题，实现提问目的。

采用开放式提问还要注意在事后一定要对答案进行归纳、总结。因为开放式提问较自由，答案不固定，因此事后的整理和分析比较困难，甚至还会出现一些不准确的、无价值的信息。所以，需要事后对答案进行整理和筛选。

在现实生活中，我们提问时很少会使用单一的提问方式。在大多情况下，我们会采用多种提问方式相结合的方法进行提问。但不管采用什么方法，我们都要做到符合当时当地的情况。只有这样，才能真正达到提问目的。

Tips：

▼提问之前，一定要明确提问的目的，问题围绕的目的展开，不要“跑题”。

▼问题一定要具有逻辑性，问题要循序渐进、前后呼应。

▼要建立在良好的沟通关系之上，把握好度。

▼要注意对被询问者进行引导。

▼事后一定要对答案进行归纳、总结。

封闭式提问运用

作为一种基本的提问方式，封闭式提问是指答案具有唯一性、范围较小、有限制性的问题。采用封闭式提问时，常常会给被提问者一个框架，让对方在可选的几个答案中进行选择，常用“是、不是”、“有、没有”、“对、不对”等简单词语来作答。

封闭式提问由于提问时已经给了对方一个框架，让回答者按照指定的思路回答问题，所以可以有效避免“跑题”，使提问者持续掌握谈话控制权。同时由于缩小了讨论的范围，使谈话集中于某几个特定问题，所以便于回答，可以节省谈话时间，缓解谈话气氛。

【小短剧】

小吴和小赵暑假在一家快餐店打工。来快餐店的每位顾客都会填一张“服务满意度”卡片，每周快餐店都要根据接待顾客人数和顾客满意度对员工进行考核，然后评选出“每周之星”进行奖励。和小吴同时进店工作的小赵，连续两周被评选为“每周之星”，小吴向小赵询问她成功的经验。小赵对此只提出了一条——多用封闭式提问。下面就是小赵接待一位顾客时他们之间的对话。

小赵：欢迎光临 ×××，请问您要点什么？

客人：一个汉堡包。

小赵：辣的还是不辣的？

客人：辣的。

小赵：好的，你还需要薯条吗？我们这里有大薯条、中薯条、小薯条。

客人：一包中薯条吧。

小赵：我们这儿赠送的酱料有番茄酱和辣酱，最多可以赠送两包，你要什么口味的？几包？

顾客：番茄酱吧，一包就可以了。

小赵：我们这里还有饮料，您需要吗？

顾客：好啊，就来杯可乐吧。

小赵：好的，先生，我们这里有大、中、小三种杯型，同时您也可以选择加冰或不加冰。

顾客：我要中杯、加冰的。

小赵：好的，先生，我们这里新推出了墨西哥鸡肉卷，您想尝一下吗？

顾客：不好意思，不需要了，谢谢。

小赵：好的，先生，您还需要别的什么吗？

顾客：不要了，就这些。

小赵：好的，你要在这儿吃还是外带？

顾客：外带。

小赵：好的，一共是二十五块。

顾客：给你。

小赵：好的，先生，收您二十五块钱。这是我们店的服务“满意度调查卡”，方便的话请您填一下，以便于督促我们提升服务质量。

顾客：好的。（写好后）给你。

小赵：谢谢您的配合，希望您此次消费愉快，这是您的外带。欢迎下次光临，再见。

【剧析】

服务行业是一个很讲究效率的行业。“时间就是金钱”在该行业被体现得更是淋漓尽致。餐饮业是服务行业的一个重要分支。随着人们生活节奏的加快，“吃”这一基本的生活活动，也被人们要求更加高效。因此，越来越多的快餐店便应运而生了。快餐店，顾名思义，“快”便是其最大的特色。这不仅体现在做饭快上，更体现在点菜上。

上剧中的小赵便深刻明白这一道理。小赵的提问几乎都是封闭式提问，如问顾客要辣的汉堡还是不辣的，薯条是大的、中的还是小的，酱料要番茄酱还是辣酱，是否要饮料等。这些问题的答案都被限制在固定的框架中，顾客只需做简单的选择即可。在一问一答中不仅让顾客明白了该店提供的食物都有哪些，而且也有效节省了时间，顺利实现提问的目的。

此时，若小赵没有采用封闭式提问，而是更开放式的提问，就很难达到这般效果。例如，小赵问顾客要什么口味的汉堡，若是初次进店的顾客会询问她店里都有什么口味的，小赵就需要再向顾客介绍汉堡的口味；若是小赵在向顾客询问时未提到赠送的酱料有番茄酱和辣酱，最多可以赠送两包，顾客就可能询问小赵是否赠送酱料，酱料都有什么口味，可以赠送多少；等等。也许最终也可以达到提问目的，但是耽误了顾客和自己的很多时间，严重影响工作效率，同时也会让顾客产生不耐烦心理。

【引剧论法】

封闭式提问虽然具有很多优点，但由于其答案具有的唯一性，使提问者很难获得额外的信息，从而不利于真实情况的获得。而且，对于一些比较复杂的问题，运用封闭式提问也很难真正使问题得到很好的解答。因此，我们在运用封闭式提问时一定要注意以下几点。

第一，要明确提问目的。这是最基本的要求。上剧中小赵提问的目的就是要问清顾客的需要，她的所有提问都是围绕这一目的展开的。

第二，要注意提问的场合。并不是所有的谈话场合都适用于封闭式提问。封闭式提问可作为谈话的起始问题，由于问题简单易答，可有效缓和谈话气氛，使人们快速进入谈话状态；由于封闭式提问可检查自己对问题的理解是否正确，因此也可以用于需要切入他人谈话的场合；在谈话开始设置问题的基本范围时也多采用封闭式提问；最后，封闭式提问还可用于谈话结束总结或做出决定的场合。

第三，要注意把握好“度”，不要过多使用。因为封闭式提问对被提问者来说本来就很被动，他们的回答都被限定在特定的框架中，因此，如果使用，会影响被提问者自我意愿的表达，影响其表达积极性。

第四，要注意特别问题的愉悦性。由于封闭式提问答案比较固定，具有唯一性，所以难免给人一种比较生硬的感觉。因此，对于提问者来说，最好能注意自己的面部表情，要面带微笑，同时注意提问的语调，避免给人一种咄咄逼人的感觉。

英国学者贝尔纳说："良好的方法能使我们更好地发挥运用天赋的才能，而拙劣的方法则可能阻拦才能的发挥。因此，科学中难能可贵的创造性才华，由于方法拙劣可能被削弱，甚至被扼杀；而良好的方法则会增长、促进这种才华。"因此，我们一定要采取正确的提问方法，努力做到问即有所答。

Tips：

▼要明确提问目的。

▼要注意提问的场合。

▼要注意把握好"度"，不要过多使用。

▼要注意特别问题的愉悦性。

这些问题不能问

清朝散文家刘开在《孟涂文集·问说》中说："君子之学必好问。问与学，相辅而行者也，非学无以致疑，非问无以广识。好学而不勤问，非真能好学者也。理明矣，而或不达于事，识其大矣，而或不知其细，舍问，其奚决焉？"从中我们可以看出提问对一个人获得知识的重要性。

生活中，我们经常听到"勤学好问"这样的话，似乎提问成为了衡量一个人品质的重要因素。的确，只有善于发现问题、提出问题的人，才能在寻求答案的过程中获取知识，从而提高自己，并最终获得自我发展。

我们虽然提倡提问，但是受各种因素的影响，并不是所有问题都可以问。我们在提问时要做到有选择性地提问，只有这样，才能真正实现提问的目的。

【小短剧】

小周今年大四，即将毕业之际，她和很多人一样加入了浩浩荡荡的求职队伍。匆匆忙忙两个月过去了，小周参加了大大小小几十场面试，她经常自嘲自己是“面霸”，但是却始终没有等来复试或者被录用的通知。因此，她总是唉声叹气、愁眉苦脸的，总是向同学抱怨企业太挑剔，给的工资低等。但是她却从来没有想过总结自己，反思自己。

最近，又有一个公司打电话要她去参加面试，这让她十分兴奋。问清公司地址，到了约定时间她就兴冲冲地去了。到了公司，人事部安排她单独面试。面对面试官，小周觉得自己已经参加过那么多的面试了，什么情况、什么问题都遇到过，因此她觉得一切都胸有成竹。在回答过一些常规的问题之后，面试官问小周对公司业务是否了解，是否明白自己应聘的职位主要负责什么工作？

听到这儿，小周反问面试官公司主要做什么？她应聘的是什么职位？原来小周投简历时只要看到有招人的公司就都投了，投得太多自己也忘了都有什么，公司通知面试的时候，她也没有去核实。

听到小周问的问题，面试官的脸色一下就变了。面试匆匆结束了。从面试官的脸色中就可以看出，小周再次失去了工作的机会。

小周觉得很委屈，自己每天投那么多简历，怎么可能每一个都记得清楚？问一下有什么不对的？公司不应该鼓励自己这种敢于发问的精神吗？

【剧析】

随着社会的发展，人民素质的提高，大学招生率逐年提高，大学毕业生越来越多，就业形势越来越严峻，每到毕业季，大学生找工作都会成为一种社会现象。一方面，大学生反映找工作难；另一方面，用人单位反映找不到合适的人才。在这种情形下，对大学生的要求越来越高，他们不仅要在专业技能上不断提高自己，在面试时很好地展现自己也很重要。

对于小周而言，她虽然很希望得到这份工作，但是在面试时她却犯了很多刚毕业大学生都会犯的错误——问了不该问的问题。也许很多人会说："爱提问不是一种很好的品质？"的确，公司喜欢那种爱思考、好提问的员工。但是关键是你问的问题是否恰当。只有恰当的问题，才能让公司看到你的良好品质。否者，你暴露的只是自己的浅薄、无知。

上剧中的小周在面试中问面试官公司的业务和自己应聘的职位，这本来就是很可笑的问题。因为如果你对自己要应聘的公司和应聘的职位都不了解就投了简历，只能说明你的求职态度是有问题的，这是极不尊重公司又不尊重自己的表现。试问，哪个公司会想要一个极不尊重公司又不尊重自己的人呢？

其实，若小周在面试时问的不是公司的业务和自己应聘的职位，而是对公司未来的发展方向或者自己在公司的发展前景等问题，或者结果会不一样吧。

【引剧论法】

虽然提问既可以获得知识，又可以加强沟通，但是我们要注意，以下问题不能问。

第一，涉及隐私的问题不能问。我们提问的目的是为了获得知识，而不是为了窥探别人的隐私。我们要确保自己所问的问题不涉及对方的隐私，这既是尊重别人的表现，也是尊重自己的体现。

第二，让人尴尬、不舒服的问题不能问。提问的过程也是交流的过程，我们在提问的过程中要注意自己的问题不能让别人感觉到受侵犯，只有在舒适的环境中，谈话才能顺利进行，我们的提问也才能得到好的解答。

第三，“明知故问”的问题不要问。“明知故问”的问题既包括我们知道答案的问题，又包括很简单，不需要询问，通过思考自己就可解答的问题。前面已经提到了，我们提问的目的是为了获取知识，若是你提出的问题答案自己早已知道，那么这个提问就是浪费时间，没有必要的；若是问题很简单，虽然不知道答案，但是通过思考很容易就可以得到解答的，那么这个提问就是没有价值的。因此，“明知故问”的问题一定不要问。

第四，超出被提问者能力范围的问题不要问。提问只有获得了解答才算是有效提问，若提出的问题超出了被提问者的能力范围，被提问者没有能力解答问题，那么这个问题即使提出来了，也毫无意义。例如，问一个五岁的小孩，地球生物的演变就是毫无意义的。

第五，没有意义的问题不要问。一个人的提问体现着自身的素质，没有意义的问题既没有回答的必要，也会让人觉得提问题的人素质低下。

当然，除了以上我们提出的几点外，在实际的生活中还会有其他的一些不能问的问题。而且即使是上面我们提到的不能问的问题，在现实生活中由于种种原因也会被问到。例如，涉及隐私的问题，公安机关在办案时就必须要问；“明知故问”的问题，在我们缓解气氛时也会问。所以它们没有明显的界线，我们所能做的就是具体问题具体分析。

Tips：

▼涉及隐私的问题不能问。

▼让人尴尬、不舒服的问题不能问。

▼“明知故问”的问题不要问。

▼超出被提问者能力范围的问题不要问。

▼没有意义的问题不要问。

第七章

没有请求不成的事，只是方式方法不对路

主要症状： 拜托的事对方不答应，委托的事对方不积极，道歉的话对方不接受，请求的事对方总拒绝。

对症下药： 说明理由，态度诚恳，恭敬谦卑，懂得示弱。

开口求助，先说明原因

在现代社会中，竞争越来越激烈，个人的独立性也变得越来越强，我们崇拜的信条是万事靠自己，自己的事情自己做，每个人与生俱来柔弱的一面渐渐被我们忘之脑后。

但是，人是社会动物，不管是身处职场或是世事应酬，不可能事事顺心，总会遇上几件自己应付不了的事情。既然自己处理不了，那就不可避免地需要别人的帮助。

一贯坚强独立的人，要怎么去开口求人呢？

【小短剧】

李琳是城市中的精英白领，为了拼事业，与丈夫商量，三年内不要孩子。丈夫张涛也很理解，两个都处于事业的上升期，也无暇照顾孩子。三年后，两人事业都小有成绩，儿子顺利出生。休完产假，儿子将近半岁时，李琳就销假开始上班了。夫妇俩把儿子交给了从老家来的可靠的保姆照顾。

两人都忙，早出晚归，邻里之间几乎零交流，还没有家里的保姆和对方熟。还是从保姆口中得知，他们家对门是一个四口之家，丈夫上班，全职妈妈带着两个刚满三岁和一岁的孩子。

这一周的星期三对李琳来说是个糟糕的日子。丈夫张涛在外地出差，她在公司上班，快到中午时接到从家里来的电话，已经两岁的儿子现在相当淘气，学着大孩子顺着阶梯爬到小区花坛的边缘就要往下跳。老保姆忙不迭地去拦，抱住了孩子，孩子没事，老保姆却从阶梯上摔了下来，脚脖子扭了，盆骨骨裂。李琳请假赶回家送保姆去医院。可儿子难办了，带着他去医院，正淘气的时候就怕一不小心顾不到他再丢了。保姆建议李琳把孩子托给邻居太太照顾。李琳不得已来敲邻居的门。

一起住到这里也五六年了，李琳还真没和邻居太太说上话。这第一次打交道就求人，她真开不了口，而且她独立惯了，平时也没有求人的习惯。

李琳心里挺忐忑：张太太会不会觉得我可怜，没朋友才来求邻居？她会不会为难？毕竟她还要带两个孩子。但保姆急着送医院啊。

李琳鼓起勇气，把情况迅速给张太太说明了一下，张太太很理解，也很乐意帮她带儿子，因为保姆带着孩子跟他们家孩子一起玩，孩子之间比较熟悉。李琳很感激。从此之后，两家关系也亲近了不少。

【剧析】

小短剧中，李琳是一个典型的万事靠自己的城市白领，因此，在面对需要人帮忙、需要去求人的状况时就有些犹豫，但一旦她鼓足勇气开口了，说明理由之后，事情马上得到了解决。

事情之所以能快速解决，我想取决于两个条件：第一，李琳和张太太是邻居，两家孩子经常在一起玩。第二，李琳开口求助，先说明了自己求助的理由，这个理由是正当的。

第二个条件很重要，开口求助别人，要先说明理由，因为你的理由是你的请求能否得到同意的关键因素。

因为，被求助者要考虑两件事，你请求的事情自己办不办得到，你请求的事情正当不正当。如果求助者在答应之后才发现力所不能及或做的是一件助纣为虐的事，那么被求助者除了丢面子之外也会对你心生恼怒。

小短剧中，如果李琳不先说明理由，而是先说尽好话，恐怕张太太不会一口答应，没准儿还会暗想：你也不说明什么事，我怎么好贸然答应，万一你做了坏事，难道我也要帮你？即使理由正当，你拐弯抹角说这么多，是不是有什么其他内幕？

李琳精英白领的身份，干练惯了，事情被她简明扼要地一说，张太太看到的是一个坦承、直率的态度，帮忙也在情理之中了。

最后，两家人的关系亲近起来，这也是意料之中的事。因为互相帮助，本就是消除屏障的利器。

【引剧论法】

心理学上有种说法，即当你帮助别人时，你自己也同时获得了同等价值的心理愉悦。所以，在正常情况下，每个人都会愿意在别人遇到困难时伸出援助之手。

所以，在当今社会，求人时一定要克服自己的心理障碍。你需要知道，每一个善良的人都很愿意付出爱心的。

当别人愿意对你伸出援助之手时，相对应地，求人者也要做到尊重、坦承。

尊重是指两方面，一是被求助者有权知道你所要他做的事情，由他来判断是否力所能及；二是求助者不能勉强被求助者帮忙做一些危及原则或不正当的事情。

当你需要帮助的时候，要切记这两点，先说明理由且理由要正当。

坦承是指求助者的态度要直率、坦白、诚恳。如果找人帮忙时含糊其词，遮遮掩掩，被求助者可能会对你产生误解从而拒绝帮助，即使你理由正当，也在情理之中，但你犹豫的态度会让被求助者望而却步。

另外，在求人时，还切忌说话累赘、啰唆，分不清重点，这会让听者不耐烦，降低想要帮助的意愿。世界著名的演讲大师弗尔特曾经说过：“你应该时常说话，但不必说得太长，少叙述故事，除了真正贴切而简短之外，不讲为妙。”

Tips：

▼求人时一定要克服自己的心理障碍。

▼求人者也要做到尊重、坦承：先说明理由且理由要正当。

▼求人时，还切忌说话累赘、啰嗦，分不清重点。

工作委托，态度要诚恳

人是社会动物，不管是身处职场或是世事应酬，不可能事事顺心，总会遇上几件自己应付不了的事情。既然自己处理不了，那就不可避免地需要别人的帮助。可是，怎么样开口求人，才能达到自己的目的，办成事呢？这就需要讲究开口求助的方式方法。

【小短剧】

李强是一家公司的业务员，来公司一年多了，渐渐摸到了门道，于是准备展开拳脚大干一番。这时候，同一部门的老张，也是李强刚进公司时带他的“师傅”，由于业务量多，有点忙不过来，需要帮手，委托李强帮忙给他做客户服务。

他毕竟是老张带出来的，李强觉得帮忙没问题。但到后来，李强着手帮老张处理的业务越来越多，用于自己业务的时间越来越少，更有甚者，有些老张的客户竟理所当然地认为李强应该为他们服务。有时从谈业务到签订之前的一切琐事李强几乎都帮老张做好了，而业绩还是老张的。李强觉得特别累，心理也不平衡，自己的时间被挤占，不能全力发展自己的业务。

他觉得自己应该找老张谈谈。于是，在一个恰当时机，李强向老张请教说："张哥，我最近在烦恼一个问题，我的业务量太少，您有什么好办法吗？"

老张沉默不语，半晌后说道："这个问题，还得靠你自己。每个人处事的方法不一样。前期该教你的我已经都教给你了。未来发展还得自己努力。"

李强这时的心情五味杂陈，他本想隐晦地提醒老张，平和地把这个问题解决掉。但显然，老张在揣着明白装糊涂。

于是李强接着说："张哥，你看你业务量也挺大的，你自己也忙不过来，不如我把你忙不过来的客户接过来，咱们合作，业绩五五分，怎么样？

老张回答："我考虑考虑。"

接下来两天，李强把老张的客户资料整理了一下，交给了老张。老张笑着说："你留着吧，这些客户你服务了这么久，比我熟。业绩咱俩平分！"

【剧析】

工作中，我们总有求人的时候，也有被求的时候。对于力所能及的事情，相信每个人都愿意伸手帮一把。这样有来有往，同事之间关系处得好，也利于工作开展。

像小短剧中的老张，忙不过来的时候请李强帮忙在工作中也是正常的事情。而李强之所以愿意帮忙，部分原因大概也是之前老张带过作为新人的他。

老张作为老业务员，委托工作给别人的时候，表面上的态度肯定也是诚恳的，所以李强才会毫无疑义地帮老张。但是，这个工作委托时间却是长了点，而且占用李强的时间也越来越多。李强想独立开展业务，想拒绝老张，但碍于情面，拒绝的话说不出口，而换了一种请教的方式，把问题抛给了老张。

明理的人，在李强隐晦提出老张的业务占用自己太多时间时，肯定顺势就着李强给搭的梯子就下来了，比如主动把李强帮忙维护的客户的业绩分一些给李强；或者表示感谢李强的帮忙，把工作接回来。但是，老张让李强失望了。李强这时分明感觉到，老张在利用自己，在占他的便宜。于是主动提出分业绩的话，在老张没有明确答复的情况下，主动把客户交回给老张。虽然有点下老张的面子，但李强情商比较高，对问题的处理方式比较委婉，对老张这种“厚脸皮”的人来说，不算过分。

委托别人工作，态度一定要诚恳，如果老张在要求别人帮忙后主动提出分业绩的建议，不仅能实现两人双赢的工作局面，而且还会使李强对他更心生感激。在小短剧中，老张抱着占便宜的心态，虽然最终还是和李强共担工作，但两人之间的嫌隙已生。

【引剧论法】

态度要诚恳，指三方面：

一是语言上，求人帮助，要客气。你是在把自己的工作委托给别人来做，是在求人帮助，所以，一定要抱着感恩的心态去求助，语言上要尊重、理解对方，尽量使对方心情愉悦地接受。

二是委托的工作内容，不强人所难，不能抱着占便宜的心理。短剧中，老张或许在一开始并没有想到让李强给他帮忙那么长时间，但随着时间流逝，李总丝毫没有怨言或拒绝的意思，他就慢慢滋生了这种占便宜的心理，开始过度索取别人的帮助。

三是委托别人工作，要在平等的基础上尊重他人。在李强第一次提出隐晦的抗议而老张故作不知的时候，老张已在强人所难，在“欺负”人了。

受人恩惠，要懂得感恩。虽然有时候工作上的委托还不到恩惠的程度，但道理是相通的。不能在别人帮助你后，你还过度索取。

Tips：

▼委托别人工作时，态度要诚恳。

▼一是语言上，求人帮助，要客气。

▼二是委托的工作内容，不强人所难，不能抱着占便宜的心理。

▼三是委托别人工作，要在平等的基础上尊重他人。

先示弱，再说事

求人帮忙，找人办事，表达歉意，想要通过别人达成某个目的，这是现代社会中的人都会遇到的事儿，而如何把事情顺利地完成，示之以弱常能收到奇效。

人类天性中都有爱逞能的一面，为了显示自己强大，常在别人面前炫耀自己的能力，但通常这些人的路会越走越窄，甚至到最后无路可走。相反，懂得示弱的人却往往能到达成功的彼岸，因为他们明了示弱的力量。

示弱并不是无能的表现，反而是智慧的表达，懂得示弱的人是真正的强者。弱者从来都能得到别人的同情、怜爱和尊重，而逞能恃强者最容易招致对手。

【小短剧】

张丽二十八岁，刚刚经猎头介绍进入一家服装生产企业做宣传部部长。她之所以被选中，是因为公司老总看中了她身上的活力以及协调组织能力，希望通过新鲜血液的注入让公司宣传部容光焕发，从而带动整个公司的活力。

宣传部目前有十五人，平均年龄四十左右，大都是从公司成立之初的元老级员工。张丽知道，自己这个“空降兵”，年龄比下属小一截，在公司资历又浅，她想要达到老总的要求所要面临的困难可想而知。

部门第一次会议是在酒店餐桌上完成的，张丽这样说：“在我主持宣传部门期间，我希望哥哥姐姐们多提意见。在座都是我的前辈，阅历是我所欠缺的，好在我学习能力和适应能力强，请以后大家多多关照。”

公司要宣传部准备一篇有关企业历史进程的文章，要发表在当地日报上。张丽准备得很充分，稿子交给老总看后老总赞不绝口。在回到办公室后，张丽把电子稿发给了部门的李哥。

张丽来到李哥的座位前，是这样说的：“李哥，公司要发一篇文章在日报上。你对公司了解得深，文笔又好，张总让我多向您请教，您给看看我写的这稿子还有哪些地方要改的？”

部门领导这样的态度对他，李哥心里很受用。当他拿到稿子后，心里很震惊，这篇稿子写得相当有水准，根本无需他修改。他看完后，只发现了几处标点错误和两个错别字，在下班前回传给了张丽。他在QQ上给张丽发了三个大拇指的微表情。

第二天上班，张丽在办公室高兴地对李哥说：“李哥，咱们的那篇稿子张总夸咱们呢。果然得你看之后我才有底气让领导看。”

这样的事情一直在办公室发生着。两个月之内，大家都对这个年轻的部长打从心底认同。

【剧析】

面对年龄上的劣势，面对部门员工对空降部长的轻视，张丽以示弱的姿态以及真才实干赢得了下属们的认可与尊重。

作为一部之长，又这么年轻，张丽知道，她的第一次出场很重要。她选择酒店餐桌这个轻松的氛围先卸下了下属们一部分的戒备。接着又以年轻后进的姿态示之以弱，避免了以部长之威面对众人时可能出现的冲突甚至捣乱，但她同时又强调自己的优点不致被下属们看轻。

接着，在日常工作中，从李哥的案例来看，张丽采取的是各个攻破的做法，而策略还是示之以弱。

她把已经得到领导认可的文稿发给李哥，向其请教，一是在博得李哥的好感和认可，扩展自己在部门内的人际关系；二是想以自己的才华震慑李哥，给其留一个“能力者”的印象，使其确信她作为一部之长的确游刃有余，为以后工作的顺利发展做铺垫。

张丽很有耐心，她的“示弱”策略运用得当，在两个月内重新组建了自己的人际关系，团结了周围的下属，她以后工作的开展肯定会朝着她所掌控的方面发展，因为她是一个有智慧的人。

【引剧论法】

《孙子兵法》有云：“赢者示弱。”而在现实生活中也流行这样一种说法：“弱”者无敌。

示弱者不是无能者的无奈之举，而是强者和智者的生存哲学。

木秀于林，风必摧之，低下头示弱可以消除周围的不满和嫉妒。一个成绩优秀的学生适当地在嫉妒他（她）的同学面前表现出其在某一方面的低能，或某一方面不如其同学，那么，对于他的消极作用马上能消解不少。

示弱有助于团结周围不如自己的人，营造良好的人际关系。就像小短剧中的张丽一样，她在其下属面前有年龄优势、职位优势，又是“空降兵”，如果她不示之以弱，以领导的姿态自居，她不可能在短短的两个月之内收服下属们，即使威之以上级权力，其下属也可能阳奉阴违，甚至故意捣乱。

但幸好，她知道示弱的力量，让境遇不如自己的下属得到了心理上的平衡，为其所用。

示弱是自保的手段，是成事的根本。但要如何示弱呢？要注意些什么呢？

要想“示弱”的策略产生积极的效果，示弱的内容要因人而异，因事而异。比如生活美满的人在生活失败的人面前要谈自己在生活中遇到的难事，子女课业不好、工作不顺心，让其明了他家也有本难念的经；成功者在失败者面前多谈自己失败的经历，遭受的磨难，使其明了成功者也不易。

示弱不仅仅要表现在口头上，还要表现在行动上。你与同事竞争部门经理的位置成功了，又遇上参评作秀员工的机会，这时你就应该退一步，不要为些许的小名小利而惹火烧身。

总之，先示弱，再谈事，会让事情顺利进行的可能性更高。

Tips：

▼低下头示弱可以消除周围的不满和嫉妒。

▼示弱有助于团结周围不如自己的人，营造良好的人际关系。

▼要想“示弱”的策略产生积极的效果，示弱的内容要因人而异，因事而异。

▼示弱不仅仅要表现在口头上，还要表现在行动上。

先“捧”，再请求

在现实社会中，求人办事似乎是不可避免的。虽然说捧人不一定会把事情办成，但是为人处世的经验告诉我们，会捧人肯定对事情的顺利进行有好处。有句话说得好，钱不是万能的，但没有钱却是万万不能的，换一下此句的中心词，捧人不是万能的，但不会捧人却是万万不能的。

提到捧人，大多数人的脑海中立即会联想到“溜须拍马”、“阿谀奉承”之类的贬义词，觉得捧人是巴结、讨好别人，如果自己来做这件事，肯定有心理障碍。其实，这只是人们的心理作用而已。试想：有哪个人真正不喜欢别人“捧”自己呢？既然自己喜欢别人“捧”着，那么可以知道，捧人确实会拉近人与人之间的关系，关系好了，求人办事还难吗？

【小短剧】

刘华是一家母婴店的老板，创业辛苦，她既当老板又当店员。好在她人热情嘴又甜，生意很火爆。

刘华的店开在本市的母婴用品一条街上，整条商业街和她的店产品雷同的店不下十家，但就数她的店生意好，光看每天进进出出的人流量就知道了。而刘华盘下这个店才不过一年多而已。

其实刘华做生意的门道，简单可以用一个字概括——捧。

母婴店接触最多的顾客就是妈妈和孩子们。比如，一个年轻妈妈带着五六岁的小朋友来买衣服，孩子长得不漂亮，但是白白胖胖的，刘华就夸赞孩子皮肤好，白嫩，夸妈妈会养孩子，营养搭配得好；如果孩子不漂亮，皮肤也不好，就夸孩子有气质，懂礼貌；如果孩子调皮捣蛋，就夸孩子聪明活泼；如果实在挑不出优点，就夸孩子健康。总之，一个字，孩子就是好。因为没有一个孩子在妈妈眼中是不好的。“捧”了孩子，妈妈就高兴，生意自然能成。

刘华不但会捧“孩子”，而且也会“捧”大人。

刘华在夸完孩子之后，也会特意地夸夸妈妈。比如“你这身材保持得真好，真看不出来像是生过两个孩子的。”“你家孩子真漂亮，像你，瞧这水汪汪的眼睛跟您是一模一样。”“您真会打扮孩子，干净利落，一看您就是个勤快人，好妻子，好妈妈。”

刘华也是个年轻妈妈，对这些人也比较了解。在给她们介绍店的产品之余，也会闲聊几句，谈谈喂养孩子的心得，交换一下产品调理的知识，分享一下减肥的方法等。

慢慢地，她的店聚拢了一批回头客，口碑相传，生意渐渐火爆起来。

【剧析】

小短剧中，刘华是一个深谙“捧人艺术”的人，以己度人，依据事实夸赞孩子、夸赞孩子母亲，这种让人觉得真实可信的“捧”才最打动人。所以，刘华做成了生意，还赢得了人心。

分析一下刘华捧人的方法，或许我们可以获得一些启发。

刘华夸赞孩子从来不夸大其词，而是从事实出发，说出来的话自然真实可信，听在孩子母亲耳里自然高兴，而且周围的人对她的话也会认同，继而认同这个人，觉得这不是一个信口开河的人。于是，彼此初步的信任就建立起来了。

小事见真情，从刘华夸赞孩子母亲的话中，我们可以看出，刘华是一个观察力很强的人，善于从细微处着手，察觉到别人发现不了的美，进而有意识地赞扬。

刘华捧人之后，在气氛融洽之时，会分享一些作为母亲来说会关注的一些方法、知识。这就进一步拉进了她与顾客之间的关系，顾客成为回头客也就理所当然了。

刘华跟顾客分享的知识、方法可不是乱说的，是她平时储备起来的真正的知识，否则，她不会受到顾客如此欢迎。

我们也能注意到，刘华夸人很懂得适可而止，不论是对孩子还是大人，只是简单的一两句。这样做不仅不会引起人的厌烦之感，还会使受捧者的兴奋度持续的时间更长。

【引剧论法】

就像开篇所说，有些人认为“捧”是一种“谄媚”，有损人格；还有人心高气傲，不屑于去捧人；更有心胸狭窄者，怕别人超过了自己；等等。其实，在正常交际中，“捧”是一种识人的睿智。

俗话说：人捧人高，人贬人低。善于赞扬别人的人，别人反过来也会对其另眼相看。因为捧人者看到了别人的长处，具有“慧眼识珠”之能。而贬低别人的人，只会被人看不起，视之以“小人”，引起别人的戒备、反感。

适度的“捧”还是增进感情、促进双方共同发展与进步的交际艺术。捧人者在看到别人的长处时必定会意识到自己的不足，学习别人的长处弥补自己的短处，而别人因你的赞美感到光荣，从而会珍惜、发扬自己的长处，这不正是一种进步吗?

所以说，“捧”的行为并不卑劣。

“捧”字运用得好，求人办事时也能省心不少。“捧”也是种学问，不能瞎“捧”、乱“捧”。

在交际场合中，要记得两条：第一，捧人的最终目的是捧人利己。

不能以贬低一人的方式去捧另一人。这不仅会使被捧者尴尬，而且会使自己被别人看轻。第二，捧人不能捧过火。凡事要适可而止，过分渲染只会使听者增长厌烦情绪。过犹不及的道理大家都懂。

Tips：

▼在正常交际中，“捧”是一种识人的睿智。

▼适度的“捧”还是增进感情、促进双方共同发展与进步的交际艺术。

▼捧人的最终目的是捧人利己。

▼捧人不能捧过火。

道歉要看准时机

莎士比亚曾经说过：“人间万事都有一个涨潮时刻，如果把握住潮头，就会领你走向好运。”这句话很好地说明了“看准时机”的重要性。

做生意要看准时机、抓住机会要看准时机，做什么事情想要成功必须得看准时机，而在人际关系中，道歉也要看准时机。

有人会问，道歉还要看准时机呢？我踩了别人一下，马上说对不起；我忘了给同事带咖啡，一句对不起就好了。确实，在日常工作、生活中，“对不起”是我们经常用到的词，大多数情况下，一句及时的对不起马上就能得到别人的原谅。可这也是需要看准时机的，这个时机就是“马上，及时”。

但还有一些复杂的情况，我们需要用比“对不起”三个字还要复杂的道歉方式去获得别人的谅解。这时候，看准时机就会帮你的大忙。

【小短剧】

李栋是一家民营公司的总经理，公司是他一手发展起来的，因此，在公司事务上他有些独断专权，不易听进他人意见。另外，他脾气火暴，经常动辄训斥人。

公司的管理层都是一批跟随他创业过来的元老级员工，对他的秉性、脾气都了解得比较清楚，因此，对他这种有些暴虐的领导方式都沉默顺从。

随着公司的扩大，李栋越来越感觉到对公司的管理力不从心。于是，他决定外聘经理人来替他经营公司。新来的总经理姓张，有海外商学院的学习经历，且对中国本土的民营企业很了解，因为他自己也注册有一家公司。张总在进入李总的公司之前同时也带来了他自己的一批得力干将。

在一次制订下季度工作计划的例会上，李总首先表达了自己的意见。张总手下的业务部李经理对此提出了反对意见，并且固执地坚持己见。这颇令李总感到恼火，他觉得自己的权威受到了挑衅。于是，他当着与会十几个人的面强烈地对其冷嘲热讽，说其经验不足，如此智商、情商怎么做到了业务经理的位置，说他动摇公司军心，目的不纯，等等。并且，其言辞之间还有不文明用语。

当时，张总在会议上提醒李总应该控制自己的情绪，并应该向李经理道歉，不能因为工作上的分歧而对别人进行人身攻击。但李总并不以为然，觉得自己是在对下属进行压力磨炼。

而且他一贯如此，并不觉得这样对下属有什么不对，也从来没有过老总要跟员工道歉的必要。

结果，第三天，这位李经理就向人事部门以及张总递上了辞呈。在以后的两个月内，又陆续有几位部门骨干递出辞呈。这一事件为公司造成了严重的后果。

【剧析】

小短剧中，李栋因为一贯的作风及性格原因，他觉得下属的意见是对其权威的挑衅，于是不分场合、不分对象地对李经理进行了人身攻击。在张总劝其道歉未果的情况下，李经理在两天之后辞职。这一事件的恶果是，引发了其他人的辞职，并最终影响了公司经营的稳定性。

其实，从短剧中不难看出，李栋道歉的时机有三个，但都被其错过了。

第一个就是在训斥完李经理后。如果当即李栋自发的道歉，当时，即可小事化了，只会被下属认为是情绪一时冲动。但李栋一贯的心态以及其面对下属时居高临下的态度促使他没有养成道歉的习惯。

第二个时机是在张总的劝说之后。情商高的人面对张总搭的台阶很可能就会顺势而下，说几句解释的话，然后再真诚地道歉，事情也就过去了。但李总的情商显然并不高。

第三个时机是在会议结束之后的两天内。李经理在第三天才提出辞呈，最大的原因可能是他一直心存希望李总能在这两天之内给他道歉，但显然，他没等到。他感到了被漠视、轻视，于是毅然辞职。

而李栋没有道歉的后果就是损失了公司的骨干，因为他给人留下的印象就是言辞粗鲁、心胸狭窄、没教养、不懂尊重人的专断的领导形象。所谓“兔死狐悲”，其他人的陆续辞职也大抵因为如此。

【引剧论法】

我们从小就被教育，犯了错误要道歉，一句真诚的“对不起”就能解决问题。但当我们身处职场，情况就复杂得多，“对不起”就不太管用了，需要我们找准时机，运用策略才能获得好的道歉效果。

你需要道歉，是因为你使别人受了委屈。你需要道歉，是因为你要挽回自己的荣誉，弥补两人的关系，削弱甚至消除可能因此带来的后果。要知道，道歉并不是失面子的事。

有科学家研究说，从心理学角度看，道歉越快越好，最好在 48 小时内，这确实有道理，但也分情况。

有时候在发生错误的当下道歉要比事后道歉的效果要好得多，比如脱口而出的一句冒犯的话。当下道歉，可能别人会认为你一时冲动，不会对你产生别的联想。

有时候错误发生后要延迟一段时间道歉，当然最好还是不要超过 48 小时。因为如果当时别人正在气头上，你为了平息对方的怒火而道歉，这并不是个好时机，因为对方会感觉到你的道歉具有欺骗性，反而是在对方恢复理性之后，再去真诚地道歉效果更好。

另外，道歉要选在别人对你们之间的不愉快还有记忆之时，千万不要在一切烟消云散之后再旧事重提。这样并无意义，不但会引起对方不愉快的情绪，还会怀疑你的诚意，认为你只是在追悔往事，并不是在表达针对他的歉意。

Tips：

▼道歉，是因为你使别人受了委屈，你要挽回自己的荣誉，弥补关系，削弱甚至消除可能因此带来的后果。

▼道歉越快越好，最好在 48 小时内，但也分情况，不要为平息对方怒火而马上道歉，而要真诚地为自己的错误造成对方的心理创伤而道歉。

▼道歉要选在别人对你们之间的不愉快还有记忆之时，千万不要在一切烟消云散之后再旧事重提。

“对不起”要说得有味道

《有效道歉》(《*Effective Apology*》）一书的作者 John Kador 说，我们不愿道歉，除了不愿意让自己因丢失防御而感到脆弱，另一方面则是担心道歉并不能收到理想的回应。

道歉对于某些人来说似乎是一个不可能完成的任务，因为道歉的后果是我们无法预料和控制的：当我们使用了错误的方式去说“对不起”时，我们无法知道对方会作何反应，是会包容理解，还是产生更深的误解？但是正确地说“对不起”会使对方更容易接受你的道歉，并记住你最好的一面。

【小短剧】

随着工作、生活节奏越来越快，现代人所面临的心理压力也越来越大，现代社会对女人的要求也越来越高，既要求能够自立，找到一份好工作，有更大的平台，又要懂得消费，有一定的品位，这样才能跻身上流社会，活得更加精致。

出身贫寒却一心想跻身上流社会的林靖，努力学习，发奋考上优秀大学，毕业了终于在上海的一家银行找到了工作。为了能够找到高富帅，她十分在意个人形象，不惜把辛苦赚来的每一分钱都花在装扮自己身上，参加各种高档的派对，努力扩展自己的社交朋友圈，自然不会放过每一次展现自我的好机会。

宁爽是林靖室友，行为大大咧咧，没心没肺，与林靖年龄相仿但完全不是一类人。两个人在一起同住，经常一起出去吃饭。

一次，林靖约宁爽一起去逛街，刚好商场举办活动，林靖没有放弃这次大好展示自己的机会，让宁爽给她拍照片。可是，宁爽的手机型号老旧，像素很差，拍出来的照片完全使自己的形象走了样。而更让林靖没想到的是，宁爽拍完照片之后，为了表示姐妹情深，直接传到了个人的网络空间上去。过了几天，林靖在宁爽的网络相册中发现了这些像鬼一样的照片，并且看到了这些照片下面的诸多留言评价，有的说这人好难看，还有说这人好自恋，而且还有好多共同的同学看到她素颜的样子。她瞬间就感觉血往脑门儿上涌，这个宁爽连个招呼不打就把自己的照片传到网上，简直太过分了。即刻，她便在网络上给宁爽发消息，让她删掉这些照片。

其实宁爽也觉得自己做得确实不对，照片应该问过林靖之后再发，于是，在看到消息后就立马给林靖打了电话，说："对不起，这次是我做得不对，我不应该把你的照片随便发出去，注意到你平时那么注重形象，就应该先问过你之后再发，我保证没有下一次了。"

林靖听了这话也觉得自己有些过火，因为照片已经发出去了，就是责怪也是无济于事，林靖深深地为自己的行为感到愧疚，也对宁爽说了对不起，两个人就这样重归于好了。

【剧析】

在这里可以看到，林靖能够原谅宁爽并且自己也认为自己有过错，是在宁爽说对不起的时候。

第一，宁爽并没有生硬地只说对不起，而是运用了自己的真情实感，让对方感觉到不是在敷衍自己。

第二，宁爽在道歉的时候还解释了自己哪里做得不对，让对方不开心，充分让对方了解到自己真的是在道歉。

第三，宁爽保证不会再发生类似情况，这其实在给予对方一个承诺，承诺别人的同时也是在监督自己以后的行为。

第四，对不起的群组语句之间有很大的差异。如果宁爽说的是“对不起，如果这次是我错我承认”或“如果发你的照片惹你不高兴了，那我向你道歉”而不是“这次是我做得不对”，那么，很明显就会感觉到前两句的语气不够诚恳。

【引剧论法】

从以上的分析就可以总结出，如何将“对不起”说的有味道呢？一共有四点。

首先，你需要认识到你的错误，且能够坦白地说出来。像案例中提出的，“对不起，这次是我做得不对，我不应该把你的照片随便发出去”。宁爽承认了自己的错误，且把错在哪里说了出来。

其次，尽量去理解对方生气的原因。充分地解释出问题出在哪里，是哪里没关心到导致的不愉快。案例中宁爽也提出：“注意到你平时那么注重形象，就应该先问过你之后再发”，是因为我忽略了你林靖注意形象这件事做得不对，这样林靖心里会宽容跟理解宁爽。

再次，交流中语气一定要和缓、温柔。适宜的口气可缓解对方不满的心情，使对方保持理智听你的解释。

最后，组织好语句，避免使用模糊词汇。好的语言会起到至关重要的作用，“如果……”的使用会让对方觉得你不确定你错了，“要是……”的使用会让对方觉得你推卸责任。要使用坚定的语汇，保证不会再有下次，让对方心里有个安慰。

掌握了这些原则，在道歉的时候就不用担心无法预料和控制的后果发生，在一定程度上，这些因素会帮助别人理解与宽容你犯的错误，对生活的有效沟通起到很大作用。

Tips：

▼道歉之前要仔细想好自己做错的原因。

▼尽量去理解对方生气的原因。

▼组织好语句，避免使用模糊词汇。

▼交流中语气一定要和缓，温柔。

角度互换道歉法

在生活中，如果人与人的交往都能够设身处地站在别人的角度去思考，那么许多问题就可以顺利解决。

生活中的许多误解都来源于不了解，人类自身的个体差异与生活经历的不同也会导致一个人的视野与眼界的不同，从而造成思维行为的不同，所以很多时候往往造成误会。

例如，一个中国学生去国外给老年人让座，认为是礼仪，而被老人说成没礼貌，学生很不理解，老人说，我还没老到需要一直坐着。这就是中西方文化思维的不同。这也说明了，只要人人都能够以对方的处境思考问题，那么就会给予对方更多的支持与理解，任何事情就都容易解决得多。

【小短剧】

刘珊与金宝相恋三年多，终于在毕业这个节骨眼上决定分手了。

刘珊与金宝都是上海交大的学生，当初都是以优异成绩考上交大，来自北京的金宝比在湘西来的刘珊早一年入学，虽说是不同专业，但刘珊也一直叫金宝师兄。

两个人是在一次话剧演出时认识的。金宝是学文学的，负责编排话剧演出，《边城》里翠翠的角色可难倒了他，话剧中不仅要表现湘西地区特有的风土人情，更要找到一个跟船家少女翠翠一样心灵纯净的女孩。这时新来的物理系的大一女生刘珊就被推荐出来，白皙的皮肤，娇小的身材，空灵的嗓音，无一不符合角色要求，金宝也就深深地爱上了刘珊。

两个人好的时候，那真是花前月下、卿卿我我、情深意长，日子就这样过了三年。

这年，金宝要毕业了，大四毕业论文与找工作成了金宝的烦心事。没了心情，也没有时间陪刘珊。而这边呢，刘珊想着毕业要考研，现在就开始努力，物理学的硕士可没那么简单。

以往都是金宝给刘珊打电话，问她是不是饿了，饿了就陪你吃饭；是不是需要热水了，暖壶空了我给你打。现在这样的电话越来越少，两个人一起吃饭的时间也越来越少。

刘珊刚刚拨通金宝电话，问："晚上一起吃饭吗？"

金宝忙着在电脑前面打字，用脸夹着电话，过了几秒才回答："我改格式呢，你先吃吧，不用等我。"

这样的对话已经不是第一次了，刘珊再也忍不住心里的愤怒，大吼："金宝，我跟你三年，我理解你忙，但是你也不能这样对我，我也要考研究生，我也很忙，如果都这样忙的话，我们也没必要在一起了。"说罢挂了电话。

金宝觉得我这么忙，你不理解我还跟我闹，真的是不能体谅我的心情。金宝想要找刘珊道歉，就把电话回拨过去，可是一句简单的对不起根本解决不了问题，两个人谁都没有让谁，无休止的争论谁比谁忙，各自倾诉自己多辛苦、多累，所以最终两个人只能不欢而散。

【剧析】

情侣间的争吵是很常见的，金宝找对了解释与道歉的时间，却没有做对，他认为他"没错认错"，发生冲突的时候是他自己忍让刘珊的多，而刘珊却在他忙碌的时候没有给予支持，他觉得很失望，不停地与刘珊争吵是谁正确。

刘珊却认为，爱情里面没有对错，你没有时间陪我就算了，现在还要说我不懂事，难道我不需要考研，难道我就不忙碌，难道我就应该一直等着你的电话？如果两个人不能够站在对方的角度去思考，是无法进行有效沟通的。

对于情侣来说，最重要的是理解，体谅对方的难处，支持对方选择，原谅对方的失误，感恩对方的付出。

道歉是很有必要的，如果金宝运用了角度互换道歉法，尝试去理解刘珊，就不是“没错认错”，而是真的发自内心去劝说刘珊，引导刘珊如何陪他一起度过毕业季。对于刘珊也是一样，如果她可以在金宝生气的时候尝试支持金宝，对他说一些理解的语言，甚至不需要“对不起”这样的字眼儿，两个人还是能够步调一致，没有误会就没有吵闹，如果在这时候能够进行道歉，会增进两个人之间的爱情，改善两个人之间的关系。忙碌与争吵不仅不会变为两个人前进路上的绊脚石，反倒可以增强两个人之间的凝聚力。

【引剧论法】

在道歉的时候，如果能够站在对方的角度去思考，去理解别人为什么生气，为什么你是一片好心，这么做却会让别人陷入麻烦，或为什么这么做会令人产生误解。

如果做到了角度互换，就会使自己的行为不自觉地有利于对方。你能够设身处地为别人着想，别人就会接受你的道歉，宽容你的错误，你就会赢得更多的朋友，在生活或工作中也会得到更多的帮助。

Tips：

▼多去了解对方处境。

▼尽量去理解对方的心境与状态。

▼调节自我情绪，避免无意义的争吵。

第八章

没有不被欣赏的人，只是对方听不到赞誉的话

主要症状： 听者没有听的兴趣，情绪平淡低落，说者的话有些被忽视。

对症下药： 赏识别人，赞赏别人，投其所好，赢得好感。

用“坚定+肯定”的语气去鼓励

从心理学意义上来说，每个个体都渴望被尊重、被认同、被肯定，无论老人或小孩，无论父母或孩子，无论领导和下属，而鼓励就是满足每个人这种心理需求的最直接的方式。孩子一句“妈妈辛苦了”可以使疲惫的母亲瞬间充满力量，充满感动；领导一句“干得好”可以让员工更富热情地投入到工作中去；在为下属解决掉工作上的后顾之忧后，得到下属一句“我领导是真心为自己人着想”的评语后，领导肯定觉得辛苦付出有所值。

心理学家杰斯·莱尔曾经说过：“赞扬就像阳光，可以温暖人的精神，没有它，我们就无法开花成长。”中国也有俗语说，良言一句三冬暖，恶言一声暑天寒，可见鼓励的意义。

【小短剧】

张林从毕业至今一直在某公司做业务员。这是一家集生产、销售防水材料于一体的中型企业。他从刚毕业时的小菜鸟到现在的部门副经理，历时五年。五年之内，以二十六七岁的年纪在一家中型企业做到部门副经理的位置，不能说出类拔萃，但也相去不远，由此可见，张林的努力与成绩。但是，最近，他却有了辞职的念头，觉得工作越干越没劲。究竟是怎么回事呢？

刚来公司时，他凭着一股冲劲，在业务上很努力，他性格又开朗活泼，很得部门赵经理及同事们喜欢。赵经理不止一次在部门会议中表扬他。他也不负众望，工作第二年开始，业绩在部门内就是第一，第三年、第四年更是连续两年业绩全公司第一，就连公司总部领导在全公司大会上都对其点名表扬，在去年年底被提拔为分公司部门副经理。他一时间春风得意，意气风发。但是不久，他就感觉自己被“忽视”了。

今年3月，他拿下一个大单子，兴高采烈地对他的直属领导赵经理说：“领导，这个单子拿下来，咱们上半年业绩就完成得差不多了。咱们部门找个时间一起聚一聚吧？”但是赵经理对他的反应却非常淡漠：“聚会的事先不急，你今天迟到是怎么回事？”

张林收敛了兴奋之情，回答：“昨天和客户签完合同没回家，今天一大早从西郊威尼斯温泉大酒店过来的，有点远又有点堵。”

“这是理由吗？我发现最近你经常迟到、早退。你也算是部门领导了，还不以身作则，纪律还要不要了？”

张林有些张口结舌，想解释迟到早退是因为最近在跟这个大单子，但是看到赵经理严肃的样子只好说：“那我下次注意。”

到了6月底，上半年工作总结大会如期召开。不出人所料，张林业绩又是全公司第一。但在领导总结发言中，却有这么一段话：“有些中层领导干部，虽然业绩不错，但也要以身作则，戒骄戒躁……”张林直觉领导就是专门说给他听的，更加沮丧，萌生退意，想要跳槽。

其实，领导确实是说给他听的。赵经理、公司总部领导的原意是培养管理人才，打磨其性情，让其为以后更重要的工作做准备，但没想到打压太过，打消了其积极性。

【剧析】

通过小短剧中的例子，我们可以看出，张林在做出成绩希望得到领导表扬时，却被领导武断问责，挫伤了其积极性；又因为总部领导的告诫，觉得没有得到公司认同，继而心灰意懒，其渴望被肯定的心理需求没有得到满足。

每个人都需要赞美，每个人都需要鼓励，不论处在什么年龄，什么地位。做出成绩时，就应该得到鼓励，就像小短剧中张林进入公司初期时那样，部门经理称赞，公司领导点名表扬，对其的肯定简单、明确、直截了当。而张林在这一时期的进步也是最大的，积极性最高，心无旁骛地投入工作。而他当上部门副经理之后，虽然其业绩没有下降，但我们从小短剧中已经看出他心理上的变化，觉得工作没意思，他没了干劲。

假如，公司领导对其的培养换一种方式，比如在其接了大单子后，赵经理对其说："好样的！小张出马，所向披靡！"然后在部门会议上再对全体员工强调纪律问题，效果可能就不一样了。假如，在其业绩又一次第一的时候，公司领导坚定以及肯定地对他说："公司果然没有看错人。一定要再接再厉，再攀高峰！"张林或许也不会想要辞职。

【引剧论法】

在小短剧的案例中，对张林工作上的引导，其公司领导采用打压磨炼的方法很不恰当。那么，在现实生活中，又该如何激励每个人的积极性呢?

首先，以鼓励为主。就像前文所述，鼓励是满足个体被尊重、被肯定的心理需求的重要方法之一。鼓励永远比批评更容易让人接受。做得好理所当然要鼓励，做得不好，把批评转换为鼓励的方式进行。

比如，老师在修改学生作文的时候会说："作文水平提高很快，结尾部分处理得更精练一点儿就更好了！"

其次，鼓励应当直接、坚定、肯定。比如某财务人员的报表做得很好，销售一部主管看后这样说："小赵的报表做得清晰、规范、数据准确，一目了然，让看的人节约了不少时间。"而销售二部主管却说："还不错吧，还有进步的空间，加油！”哪个更有激励性，一目了然。在以后的工作中，小赵每次交给销售一部的报表都是检查了再检查，她想要在销售一部的主管心中保持她优秀的形象。而她交给销售二部的报表虽然做得也很好，但却少了那份精益求精的心态。

总之，当我们要发表看法，做出评价时，一定要侧重鼓励；鼓励时也要讲究方法，要坚定、肯定、直截了当；似是而非的鼓励有时候反而会弄巧成拙。

Tips：

▼对人、对事要侧重鼓励。

▼鼓励永远比批评更容易让人接受。

▼鼓励应当直接、坚定、肯定。

“没事的，下次你一定行”的力量

“没事的，下次你一定行”，这是别人鼓励你、赏识你的话，也是自我鼓励、自我赏识的话。这句话带来的力量不可估量，因为有信念，因为被信任，所以爱迪生千百次的失败后在“下一次”发明了电灯，袁隆平在重重困难后，在“下一回”培养出杂交水稻……

不要小看这句话，要谨记这句话，要经常给其他人、给自己大声地、坚定地说出来，或许因为你的这一句话，不可思议的奇迹会越来越多。

美国心理学家威廉·詹姆斯曾说过："人性最深刻的原则就是希望别人对自己加以赏识。"在人际交往中，赏识别人，赞赏别人，给予其鼓励，也是赢得好感，快速融入关系之中的良方。

【小短剧】

李莫与张玲是同一所大学同一个专业同一个班级出来的，毕业后又一起应聘进入了同一家设计公司。两个年轻人都同样出色，在学校的时候，专业成绩的第一名向来被这两人轮流霸占；班长和团支书也同样是两人轮流做。她们俩被同学形象地称为"绝代双骄"。两人之间也形成了一种惺惺相惜又互相竞争的关系。

两人在设计公司入职后的第一项工作就是为一家名为"飞跃"的汽车经销商各自设计一款公司 logo，客户看中哪个人的设计方案，哪个就提前转正。李莫和张玲加班加点，很快在截止日前把方案交到了客户手中。结果，李莫的方案得到了客户的好评。

张玲很失落，不仅是因为李莫的方案被选中，还因为两人进公司时的面试成绩，李莫也高于她；还有，公司的首席设计师点名要李莫做其助理。连续的不顺令张玲开始怀疑自己，出了社会，自己是否真的各方面都不如李莫？强烈的自我怀疑令张玲一蹶不振。她有时甚至会想，是不是因为公司风水跟她不合拍，要不要换家公司？周末晚上，她向闺密诉苦。闺密是这样安慰她的：你那哪叫不顺啊，我比你更惨，在单位被领导刁难，逛街丢了钱包，和男朋友吵架正在冷战中……所以，你别身在福中不知福了。闺密自言自语说了快一个小时。

张玲被闺密安慰完之后，心情并没有好很多。因为闺密并没有说中她的心事。

周一上班，张玲依旧死气沉沉，对比李莫意气风发的模样，她心里竟产生了自卑情绪。中午午休时间，李莫邀张玲一起午餐，两人边吃边聊。

李莫：玲玲，最近看你很没精神，没有什么事吧？

张玲：啊，没什么事。

李莫：你这样情绪不高我还挺不习惯的。见惯了你朝气蓬勃又勇敢自信的样子，乍一见你这样，我还挺担心的。

张玲：我在你眼中原来是这样的啊。

李莫：是啊，你不知道我多羡慕你。你活泼开朗，精力无限，别人轻易就能感受到你的魅力。我就是太内向了。

张玲：其实，最近我情绪不太高，是因为那个方案的事，让我自我怀疑是不是真的适合做这个工作。

李莫：原来咱们才华横溢的张大美女也有不自信的时候，我心里终于可以平衡了。你不知道这次我多担心被你比下去，这次的设计方案，真是快把我累死了。在新人里面，让我最在意的对手就是你。

张玲：真的吗？

李莫：当然是真的。没事的，下次你一定行。

张玲：李莫，谢谢你，你也是我最尊敬的对手朋友。

【剧析】

在上面的小短剧中，张玲心情低落时找到闺蜜寻求安慰。闺蜜也确实安慰她了，只不过是在比“惨”。闺蜜原本想以自己的“惨”来衬托朋友“不那么惨”，以达到安慰的目的。

心理学上也确实有这么一种安慰方法，通过比惨达到一种心理平衡或让对方感到心理平衡，这种安慰方法在中国的大环境内好像还比较流行。但比过之后呢，就算心里好过点了，但问题还在，自己或对方并没有从中获取一种积极向上的能量。

还有，为了安慰对方，贬低自己又有何益处呢，只不过是把负能量强加给自己罢了。

像小短剧中张玲的闺蜜，说了那么多安慰的话，却始终没有说进张玲心里，正中她在意的那个点。

不过有时候，简单的赏识比长篇累牍的安慰更打动人心。就像李莫那样，几句话过去，张玲已经“活”过来了。

【引剧论法】

在上面的小短剧中，李莫就是安慰人的高手。让我们来分析一下李莫是采用何种策略来达到安慰、鼓励张玲的目的的吧。

第一，知己知彼，直中靶心。或许也因为李莫和张玲是长期竞争对手的关系，所以更了解张玲的心结。在对话的一开始，李莫就首先表达了她对张玲的赏识。来自竞争对手的赏识更难得，所以张玲马上就变得健谈，开始主动与李莫交流了。

第二，言之有物，自曝其“短”。言之有物是指赏识别人要依据事实，不能夸张，否则显得虚伪。自曝其“短”，是指表达自己内心的感受。比如在小短剧中，李莫就坦言自己也很担心会被张玲比下去，把张玲一直当对手之类的。来自“对手”的重视让张玲心里很受用。

第三，真心的鼓励与祝福。欣赏与被欣赏都是力量之源，在别人需要安慰时，不妨真心地鼓励一句：没事的，下一次一定能行！只要是真心的，相信对方总能感受到。

Tips：

▼知己知彼，直中靶心。

▼言之有物，自曝其“短”。

▼真心的鼓励与祝福。

“结果 + 肯定 + 鼓励”话术

话术，即说话的艺术和技巧。

话术的力量，纵观古今，一直存在并发挥着作用，甚至有时候会因一句话而扭转一个国家的命运，历史的走向。烛之武退秦师，邹忌讽齐王纳谏，触龙说赵太后，苏秦、张仪连横合纵，三寸之舌才惊六国，这无一不表明话术的力量。所以，古人有云：“一言以兴邦，一言以丧邦。”

在当代社会，话术更是营造良好人际关系、打通人与人之间隔阂的法宝。“话术”二字，看似简单，其中却蕴含着做人做事的技巧。如何在话语之间引起别人注意，获得别人好感，打开对方心扉，取得预定目的……考验的是我们说话的艺术。

话术包罗万象，在此我们谈“结果 + 肯定 + 鼓励”的说话方法。

【小短剧】

销售人员小马来到公司已经四个多月了，在新人中，业绩还算不错，但和老业务员一比，根本排不上号。近一段时间，他心里挺低落的，因为他只有高中学历，家里负担也重，他做销售的目的之一就是希望通过努力能很快见到成果。但在新公司的四个月中，他的成绩并没达到自己的预期。

公司李总看到情况后，找来小马进行了一次深谈。

小马坐下后，李总开门见山地说："小马啊，最近看你情绪不高，是不是有什么为难事啊？"

"我确实心情不好，觉得对不起领导，我都来四个多月了，业绩一直上不去，很焦虑。怀疑自己是不是不适合这一行。"

"适不适合这一行，咱们先不讨论。听完我的话之后，你再来确定。"

"小马，你看着我有多大了？"

"李总，你看上去很年轻，三十出头吧。"

"你看人还算准，我也是80后呢。你猜我现在有多少资产？"

"这个我可猜不出来。"

"我现在有两家自营公司，一套别墅，两套商业区的住房，两辆私家车，存款若干。你猜我拥有这些花了多长时间？"

"得十几年吧。"

"九年！"

小马惊讶地张大了嘴。

李总接着说道："我老家是贫困山区的，我高中没毕业就在家种地。种到二十五六岁还娶不上媳妇，我娘对我说，你出去吧，出去撞撞运气。我娘给我兜里揣八十块钱，我就一路来了省城。

"刚来的时候，不知道干啥，每天两个馒头，睡在马路边上。后来去到工地给人搬砖。但每天累死累活也挣不了多少钱。后来听工友说，要想赚到钱就得去做销售。咱们省会是个商贸型的城市，各种各样的行业都在招销售员。我当时就心动了，但也不知道该干哪一行。

“你别看我高中没毕业，上学时成绩也好着呢。可惜没钱上学，这一直是我心里的遗憾。我就想，做销售的话，就做跟书打交道的行业吧。于是我在报纸上找来找去，就看到新视野公司在招聘图书发行人员。”

“新视野，咱们的竞争对手啊。”小马很惊讶。

“是啊，我在那里做了四年的销售员。摸透了这个行业，积累了第一桶金后我辞职开公司，五年后就是咱们现在的公司。

“小马我之所以找你谈话，是因为我觉得你和当初的我很像。出身像，咱们都是农村出来的孩子，有一股子韧劲儿。你在新人里业绩第一，勤奋，脑子活络，悟性高。你看上次你解决合肥书商的退换货问题，直接联系当地图书公司交换产品，既节约了来回成本，维系了客户，又扩大了咱们的图书类别，一举三得，让我惊喜不已。

“你现在的心态就是有点太着急了。咱们的图书类别主要是教材，周期性太强，短时间内业绩不明显。路要一步一步走，要稳住。我很看好你啊。”

公司领导的如此看重，令小马激情澎湃，他与李总订下一年之约，一年之内，要成为公司的销售明星。

【剧析】

在销售工作中，销售人员面临的压力是最大的，来自业绩方面的压力，来自客户拒绝带来的挫折等。成功的销售人员要有一颗坚强的心脏，要有持续的激励为其注入能量。

在小短剧中，新星公司李总就是用“结果 + 肯定 + 鼓励”的说话方式稳住了小马，使其重燃激情，信心再铸。

李总以自己的成绩为结果向小马展示成功以后的景象，这是一种远景激励，使小马相信只要坚持下去，未来的成功最终会握在手中。

谈话之中，李总以具体的事例肯定小马的工作，进一步使小马相信自己是有成功的能力的。

最后，李总以坚定的鼓励作结束，给予小马充分的信任，使小马重树信心，继续坚持销售工作也是水到渠成的结果。

【引剧论法】

小短剧中，李总对小马的谈话环环相扣，层次清晰，利用其高明的话术，最终使小马重树信心，坚守销售工作。

掌握“结果+肯定+鼓励”的话术，可以在关键时刻治人控场，如小短剧中的李总一样，为公司挽留下人才。

那么，该如何掌握这项话术呢?

话术由“话”和“术”组成。“话”指说话、语言；“术”指方法、技巧、艺术、手段。掌握话术就应该从这些方面着手。进一步精分，要掌握“结果+肯定+鼓励”的话术，就要从与这三方面相关的地方着手。

首先，结果就是树立远景激励目标。利用富有感染力的语言，加上技巧性的说话方式，可以煽情、可以渲染、可以夸张，给受众描绘出一副喜闻乐见的、富有诱惑力、具有强烈激励作用的未来图景，激起受众的向往之情。

其次，肯定就是给予其信心、信任、自信。利用具体的事例赞美其能力，让其坚信自己是具有到达目标的能力的，只是时间问题而已。

最后，鼓励即激发其积极性、热情。赏识性的鼓励更具有力量，最易使受众最终下定决心，行动起来。

这项话术是一个层层递进的过程，缺一不可，但具体效果如何，就看你驾驭语言的能力如何了。

Tips：

▼掌握“结果+肯定+鼓励”的话术要提前为受众树立远景激励目标。

▼掌握“结果+肯定+鼓励”的话术要给予受众信心、信任、自信。

▼掌握“结果+肯定+鼓励”的话术要尽量用赏识性的鼓励激发受众的积极性、热情。

投其所好，赞美他的优势

每个人都有自己的爱好，有的人喜欢琴棋书画，有的人喜欢赏鸟观鱼，有的人喜欢集邮，有的人喜欢收藏球鞋……

魔术大师谈起自己发明的新魔术滔滔不绝，数学家自豪于对某个数学问题的精分，商人自得于精明的商业头脑和高超的生意手段……

为了自己的“心头好”，有些人不惜金钱、时间、人力，达到了废寝忘食的地步；为了发挥并保持自己的优势，有些人衣带渐宽终不悔。所谓志趣相投，所谓话不投机，大抵就是在所钟爱的、所看重的方面相吸引或相排斥吧。

要想使自己的赞美收到满意的结果，尊重别人的爱好，赞美别人的优势是很好的方法。

【小短剧】

单位领导老赵是象棋爱好者，有事没事就爱拉着同事们来一局。但其象棋水平实在不高，单位的小青年们不怎么懂下象棋的有时候还能赢他一盘两盘的。那些象棋下得好的，都绕着他走，赢他吧，他是领导，怕他面子上过不去，不赢他吧，他赢在兴头上，拉着你没完没了地下，实在痛苦。

新进员工小张刚进公司没多久，就被老赵给“盯”上了。原来小张的求职简历中在爱好一栏写的是象棋，并且还获得了本市业余象棋大赛一等奖。这天中午午休时间，小张就被老赵请到了员工娱乐室，要求和象棋一等奖获得者切磋一下。

小张其实进公司一段时间后已经了解到领导老赵爱下象棋，而且是个“臭棋篓子”，因此，当他被叫来“陪练”的时候他已经想到对策了。

因为在休息娱乐时间，小张对老赵的态度就有些随意，半开玩笑地说道：“领导，听说您找我是为了下棋啊？”

老赵看着他一乐，说道：“听说你是咱们市业余象棋大赛一等奖，我来领教领教。”

“哟，领导，您这水平怎么样啊，可别被我落了面子啊！”

“你小子还挺狂妄的嘛！来吧！”

第一局，毫无悬念，小张胜出。

小张对老赵笑道：“领导，水平不错啊！”

“你也不错啊！再来一局！”

第二局，小张行棋的速度故意慢了下来，最后，两人竟打成了平手。

“领导，你这水平提高得太快了吧！你第一局是不是故意隐藏实力啊？不行，咱们再来一局。”

老赵哈哈大笑：“行，小子，再陪你下一局。”

第三局，小张负于老赵。

小张直摆手："领导，我可不敢跟你下了，你这实力隐藏太深，我得回去好好研究研究策略再来跟您厮杀。"

老赵乐呵呵地："去吧去吧，咱们回头再战！"

【剧析】

小短剧中，仅仅三局象棋对弈，小张和老赵的关系已经升级为棋友了。这和小张投老赵所好的策略的运用是分不开的。

小张已经事先对老赵有所了解，知道老赵爱好象棋，但水平又不高，同时又是其领导，因此，他采用了欲扬先抑的策略。他见到老赵后以轻松的姿态面对，摆出自己的优势，向老赵表明"我的象棋水平可是很高的，你水平行不行"的疑问。第一局棋会输老赵也是心知肚明的。

第二局，小张故意放慢行棋速度，并最终平局，意在恭维老赵象棋水平提高得很快。老赵果然很受用。

第三局，小张故意输掉棋局，也是为了领导的面子。其实老赵未尝不知是小张故意放水，但依旧笑容满面，这也说明小张的赞美成功了。

【引剧论法】

在小短剧中，小张把"投其所好，赞美他的优势"的赞扬方法运用得炉火纯青。

首先，投其所好就要了解对方的爱好，并有一技之长。要想在赞美别人时，使别人感到愉悦，首先得抓住别人的爱好，才能有针对性地赞美。

一技之长指的是对于对方的爱好，从理论知识到实践，你最少得掌握其中一项。兴趣、爱好接近，有话可聊，才能走到一起。小短剧中，象棋就是使小张和老赵相互走近、了解的媒介，这是他们共同的爱好。

其次，投其所好时可以把自己变得“外行”一点。爱好相同者，即使萍水相逢，也可能因为共同的经验而一见如故，相互切磋中，可能会就某一问题而争得面红耳赤，若想恭维对方，那你就不妨表现得“外行”一些。因为好为人师，争强好胜也是人性的弱点之一。

尤其是在与领导相处时，更要如此。

最后，投其所好要把握好“度”。这里的“度”有两层含义。

第一，爱好的界限。爱好有正当爱好与不正当爱好之分，如足球、象棋等有益于身心健康，又如沉迷于网游、吸烟则于身心无益，有时可能危及生命。比如吸烟，切不可赞美其烟瘾大，可从侧面赞其吸烟姿势潇洒即可。

第二，是投其所好的“度”。投其所好是为了恭维、赞美对方，让对方愉悦、受到鼓舞，但切记过犹不及。

总之，赞美是消除人际隔阂、俘获人心的好办法，是我们为人处世需要知道的道理，掌握了它，你将无往而不胜。

Tips：

▼投其所好就要了解对方的爱好，并有一技之长。

▼投其所好时可以把自己变得“外行”一点。

▼投其所好要把握好“度”。

不要把赞美变成奉承

赞美是艺术化的语言，可使听者心情愉悦，可使赞美者感到快乐。每个人都渴望被赞美、被认可，会努力去争取，但没有一个人会喜欢虚假，所有人都讨厌奉承。

那么，赞美和奉承的界限又在哪里呢？

卡耐基曾经说过："奉承是从牙缝中挤出来的，而赞美是发自心灵的。"真诚的赞美会让你获得友谊、信任，不恰当的赞美可能使你沦为溜须拍马之流。

【小短剧】

小李和张姐同属业务部门，月底去财务部报账。财务部主管王姐换了新发型，张姐进门一眼就发现了，她抢在小李面前热情地对王姐说："王姐换发型啦。看起来年轻了十岁，真是容光焕发。"等到张姐说完，小李才微笑着接口道："王姐这新发型和这身小西服搭得真好，更显年轻，干练了。我记得在一本杂志上看到过这个发型，上面还有服装搭配，其中有一款就是像您这样搭配的。"

王姐明显被两人夸得很高兴，谦虚地说："一个发型时间长了就想换一下，新鲜一下，衣服也是我自己乱配的。哪有你们说得那么夸张。"

第二天上班，小李在电梯门口碰到王姐，从包里拿出一本杂志：“王姐，这是我昨天说的那本杂志，你看这里面其中一款是不是和你穿的一样。”王姐一看，里面除了身上穿的小西服，还有好几款配她发型的搭配。

此后，小李到财务报账顺利了许多，有一次还听到王姐在老总面前说，要是每个人的票据都像小李做的那样工整就好了。

情景二：

因为小李文笔好，所以部门主管经常让小李为其润色工作报告、演讲稿之类的。为此张姐经常戏称她为“大才女”。有次部门间聚餐，说到上半年工作总结，领导专门点名表扬小李总结写得好时，张姐在其他部门的人面前极力夸赞小李：“我们小李可是咱们公司的第一才女，文笔好，人家北大毕业的。我们部门经理的工作报告都是小李代笔写的……”小李在一旁很尴尬，连连摆手向大家解释，她只是普通大学毕业，也只是为经理的稿件润色而已。张姐在一边又说：“小李你就别谦虚了。你的才华可是公认的……”

在结束聚餐之后，小李回到家，接到张姐电话：“小李啊，这月轮到我写公司通讯，你文笔那么好，帮帮我忙吧，我肚里那点墨水啊真是让我提笔就头疼。”

【剧析】

通过小短剧中的两个情景，我们应该可以明白，小李为什么会被财务部王姐称赞，为什么会在张姐的夸赞之下尴尬无语。

小短剧中，张姐对王姐的赞美透着一种应酬式的客套，虽然表面上张姐热情洋溢，但实际上并不真诚，其真正目的恐怕与其想要顺利完成报账的任务分不开。

而小李虽然笑容淡淡的，或许心底也有着与财务部门人打好关系的想法，但她说出口的赞美却是具体的、真诚的，甚至第二天还有行动——专门拿来了杂志给王姐看。这一方面证实了小李的赞美所言不虚，另一方面又为王姐在服装搭配方面提供了帮助。

张姐为了日后能得到小李的帮助，当着大家的面猛烈称赞小李，夸大事实，使小李陷入尴尬境地。从小短剧中可以看出，张姐其人，就是这么一个小事小夸，大事大夸，无事也夸习惯性赞美别人的人，尤其在对小李的夸赞中，隐约还可见一丝嫉妒的心理。这样的人在职场中很难得到重用。

【引剧论法】

通过小短剧内容，我们大概可以了解赞美和奉承的区别了。那么现在就可以回答本文开头提出的问题——赞美和奉承的界限在哪里？

首先，是否是真诚的。赞美是发自心底的，是出于真实的感觉由衷而发，是对别人的优点、长处真心的肯定，给人以真诚的鼓舞和激励；奉承则是怀有某种不可告人的目的，巴结、讨好对方。

其次，是否依据事实。赞美是依据具体的事实，有凭有据的称赞；而奉承则是夸大事实甚至是凭空捏造，无凭无据的捧。

赞美者在赞美别人的时候，心中有一个天平，哪些可以赞扬，哪些需要提醒对方，哪些需要提出反对。赞美者明辨是非。

奉承者开口即赞，把一切可以用于赞美的词语都抛给对方，任意夸大事实，有时甚至为捧而捧，怀有扭曲心理，如“这人喜欢坐花轿，我就捧个场抬一抬，早晚会摔下来”。他们不会用客观的措辞去评价、赞美一个人。

赞美是艺术化的语言，我们要恰如其分地去赞美，不要让其变为奉承。

Tips：

▼赞美是依据具体的事实，有凭有据的称赞；而奉承则是夸大事实甚至是凭空捏造，无凭无据的捧。

▼赞美是发自心底的肯定，给人以真诚的鼓舞和激励；奉承则是怀有某种不可告人的目的，巴结、讨好对方。

赞扬他人要恰到好处

良好人际关系的形成，必不可少地需要赞扬来做催化剂。好听的话人人爱听，卡耐基就曾说过：人性的弱点之一就是喜欢别人的恭维、赞扬。

虽说赞扬的话人人爱听，但还需要一定的技巧。适当的、恰到好处的赞美对你的人际关系能起到推动作用，而不恰当的赞扬则可能适得其反，得不偿失。

赞扬别人是一件好事，但绝非易事。

【小短剧】

老刘是文化部门的公务员，四十多岁了，因为老实，到现在还是小科员，而跟他同期进来的现在混得最不好的也是正科级别了。

这一年，他们科的正科长老张要退休，王副科长理所当然会提上去，这空出来的副科长位子顿时被所有人瞄上了。

老刘想想自己，四十多岁了，论资历，还是有希望争上一争的。但他太老实，除了工作上更卖力之外，也不知道该往何处使劲儿。

以前的同事，现在已经是领导的老赵看他老实，有心提醒他一下，对他说："你啊，工作没得说，但还得跟领导处好关系。"

老刘不解："怎么才算跟领导处好关系？"

"对你们现在的领导多关注一下，多在他面前露露脸，说说话。"老赵觉得他这话是已经说明白了。老刘觉着老赵的话，他也听明白了。

一次，单位组织春游去爬山，王副科长穿着一身很显身材的运动装出现了，陪在一身宽松休闲服的老科长旁边。老刘看到了，想起老赵的话，就硬着头皮上前搭话。

"王科长，您平时很注意锻炼身体吧，瞧您这身材，可以去当健身教练了。"

"也好长时间没去锻炼了，这一忙起来就顾不上了。"

"您体型这么好，短时间不去也不影响。"

王科长看一眼旁边正远眺的老科长，轻咳一声，道："要说身体好，还数咱们张科长，走这么长时间了，我都有点喘了，咱们张科长还健步如飞，身体素质不减当年啊。张科长真是会养生。"

"是啊，是啊，张科长身体确实好。"

张科长回过头来笑了笑："比不上你们年轻人啦！小王，咱们去那边看看！"

【剧析】

如果你作为老刘的上级，你会提拔他吗？可以预见的是，老刘的升迁希望破灭了。

在小短剧中，老刘去恭维领导并没有错，这也是与领导搞好关系的方法。但是，这里有一个情境，他的两位直属正副领导正在一起，他冒然上去搭话，很不合适，有可能两位领导正在谈事情，却被他打断了。

还有，老刘上前先跟副科长搭话，忽视了老科长，也使王副科长陷入了尴尬境地。王副科长说不定会在心底埋怨老刘：老科长还没有退休呢，你这目的性太强了；你自己没有分寸，显得我也不知好歹了。

在小短剧中，王副科长打破僵局的那一句话被老刘用“是啊是啊”来附和，显得言不由衷。从小短剧中可以看，自始至终，老王科长没有理会老刘一句。

马克·吐温曾开玩笑似地说过：只凭一句赞美的话，我就可以多活两个月。但这句话，也要因时因地而异，在小短剧中的现实是，两位科长因为老刘的话，得憋屈两天。

想来，老刘四十多岁还是一个科员，也不是没有原因的。

【引剧论法】

小短剧中老刘的经历教训值得我们深思。那么我们该如何恰到好处地去赞扬别人，打开人际交往的隔阂呢？在赞扬别人的过程中，我们应该注意哪些问题呢？

第一，赞扬别人要合乎时宜。夸张一点说，别人正在紧急处理一件火烧眉毛的事情，你上前去跟她说她的胸针很别致，相信她一定会在心里暗想“她是不是太闲了”。

第二，赞扬别人要因人而异。小短剧中，王副科长两句的赞扬就打破了张科长沉默带来的僵局。因为他知道，像老张科长这样的老年人最关注的就是身体问题，其次希望别人不会忘记他“想当年”的风采。我们在赞扬别人时应该有所判断，见什么人该说什么话。比如，我们可以赞扬商人营销手段高明，精明会理财；赞扬老师知识渊博，为人师表……

第三，赞扬别人要情真意切。上文分析过，老刘附和王副科长恭维张科长的话显得敷衍、言不由衷，这样导致的结果很可能是张科长觉得老刘虚伪、不真诚。例如，当你赞扬一位在众人眼中其貌不扬的女士

“你真是美丽极了！”的时候，对方肯定觉得你所说的是违心之言，进而对你的人品产生怀疑：这个人是不是一个油嘴滑舌的人呢？

第四，赞扬别人要详细具体。每个人都喜欢被别人赞扬，但赞扬的内容必须具体，这样才可信，对赞扬的人来说才具有真正的意义。你赞扬得愈细致，越能说明你对他了解愈深，对其很看重，对方就会觉得你真诚、亲切，你们的人际交往就会越来越密切。相反，若只是含糊其辞地说一句“你做得不错”或者“你是一个合格的领导”，这样别人只会觉得你是在哄骗人。

总之，赞美并不是逢人就说好，也不是话说得漂亮就能收到好效果，而要讲究技巧，有时一个简单的夸奖手势会胜过千言万语带来的效果。

Tips：

▼赞扬别人要合乎时宜。

▼赞扬别人要因人而异。

▼赞扬别人要情真意切。

▼赞扬别人要详细具体。

给对方一个“高帽子”

我们在生活中常说给人戴“高帽子”，这里的“高帽子”指的就是奉承人的话，也可称赞扬人的话。但是赞扬和奉承并不相等。法国的拉罗什夫科说："赞扬是一种精明、隐秘和巧妙的奉承，它从不同的方面满足给予赞扬和得到赞扬的人们。"所以说，给对方一个"高帽子"就是要多看到别人的优点，多赞扬别人。

卡耐基说："要改变人而不触犯或引起反感，那么，请称赞他们最微小的进步，并称赞每个进步。"由此可见，赞扬可以促使人们不断进步。因此，给别人一个"高帽子"对人的发展至关重要。

【小短剧】

大学毕业后，小赵进入了一所初中当语文老师。面对着一群青春有活力的孩子，小赵心中充满着信心，她觉得自己一定可以成为学生的朋友，成为学生们喜爱的老师。

不久，小赵的班上一个叫俊俊的学生引起了她的注意。俊俊很爱动，上课时经常插嘴说话，并且注意力不集中，学习态度也很懒散。小赵原本以为自己多找俊俊谈话，多和他的父母沟通这种情况就会好转，可不想他居然是屡教屡犯，并且他还说："我也不想犯错，可就是管不住自己，没办法。"

一天，俊俊又因为上课和同学打闹被请了家长。俊俊母亲刚踏进办公室的门，俊俊便怒气冲冲地说："你怎么来了？谁让你来的？"不知道的人还以为是仇人呢。谁知道，俊俊的母亲竟然对他说："你怎么不死呢？死了倒省心了！"小赵听了目瞪口呆，她想不出一个母亲怎么会对自己的孩子说这样的话。小赵想，也许她被俊俊气坏了，于是就对俊俊说："妈妈都被你气坏了，我们也是为你好。"俊俊听了无所谓地点了点头，又说："我知道老师是为我好，但是我不想看到她，我的事与她无关……"

谈话最终还是不欢而散，在以后的日子里俊俊照样上课"开小差"，和老师"顶嘴"，学习成绩一塌糊涂。

为了能从根本上改变俊俊的行为和学习习惯，小赵重新审视了一番自己的做法，决定换一种方式教育俊俊——多发现俊俊的优点，多鼓励俊俊。

转变观念之后，小赵发现俊俊身上确实有很多优点：值日认真，团结同学，想象力丰富等。于是，小赵就把每天的批评变成了表扬。不久，小赵就看到成效了：俊俊上课不仅认真听讲，而且还会主动举手要求回答问题了。小赵也尽量选择一些较容易的问题让他回答，并且在他回答正确时，小赵也会毫不吝啬地加以鼓励、表扬。一段时间之后，小赵发现俊俊果真有了很大的进步。

小赵对俊俊说："我是你的老师，更是你的朋友，看到你的进步，我打心眼儿里高兴，当然也对你刮目相看了。说明只要努力你也会进步的。"俊俊听了不住地点头说："老师，我知道你是为我好，以前我确实太不听话了，希望老师以后多监督我，我一定不会让老师失望的。"

实践证明小赵这次的教育是成功的，此后，班里少了调皮捣蛋的俊俊，多了一个踏实努力、团结友爱的俊俊。看到这些变化，小赵对自己以后的教育方式有了更深的认识。

【剧析】

教师不仅是教育工作的组织者、领导者和教育者，还是文化知识的传递者。我们常说：教师是人类灵魂的工程师。因此教师工作的好坏直接关系着青少年的成长，直接影响人类社会的延续与发展。所以，教师一定要采取正确的方式，充分发挥教育的作用，培养学生成才。

中学时期是人格塑造的最佳时期，此时期学生有很高的可塑性。他们已有了基本的是非标准，知道什么是好，什么是坏。他们能感受到老师对其是否尊重和关爱。因此，学生是老师称职与否的最佳见证人。因此，若老师真心诚意地关爱学生，设身处地为他们着想，他们也会以行动回报老师。上剧中的俊俊就是一个很好的证明。

要成为一名好老师，必须要尊重学生，关爱学生，这就要求老师必须有爱心、耐心。老师应该看到每个学生的长处，特别是要能发现“差生”的长处，把这些点滴长处作为资源，主动与其沟通，及时鼓励，激励他们不断进步。

上剧中，小赵改变了以往总是严厉批评的教育方式，转而以鼓励为主，树立了学生的信心，鼓励了学生的积极性，因而，俊俊也以自己的进步回报了小赵的鼓励。试想，若是小赵一味地责怪，俊俊还能取得如此大的进步吗?

【引剧论法】

马斯洛把人的需求划分成了五个层次：生理需求、安全需求、归属与爱的需求、尊重需求和自我实现需求。其中生理需求、安全需求、归属与爱的需求属于低一层次的需要，通过外部条件就可以实现，而尊重的需要和自我实现的需要是高级需要，他们是通过内部因素才能满足的。由此可见，人都是需要尊重和赞扬的，即人人都需要有一顶“高帽子”。既然如此，那么我们如何给对方一个“高帽子”呢?

第一，多观察，善于发现别人的长处。罗丹说：“美无处不在，缺的是发现美的眼睛。”人的优点也是一样。每个人都有自己的长处，因此在给别人一个“高帽子”之前，一定要多观察，发现别人的长处，并以此为基础，多夸奖他人，鼓励他人。

第二，要以事实为基础。我们夸奖别人的“点”一定是别人身上真实存在的“亮点”，否者，夸奖就变成了讽刺。

第三，一定要适度。塞缪尔·约翰逊说：“赞扬，像黄金钻石，只因稀少而有价值。”过多的赞美更像是谄媚，难以达到鼓励的效果。

塞·巴特勒说：“赞美是美德的影子。”可见，赞扬别人也是一种美好的品质。赞扬别人即可以促进别人进步，又能沟通感情，愉悦自己，一举多得，何乐而不为呢?

Tips：

▼要多观察，善于发现别人的长处。

▼一定要以事实为基础。

▼一定要适度。

间接赞赏其实更有效

赞赏即赞美。《金诺芳》中说：“赞美是所有声音中最甜蜜的一种。”的确，赞赏既可以促使人进步，又可以加深彼此之间的沟通，有利于和谐人际关系的建立。人人都爱听赞赏之词，但是却并非所有的赞赏都会让人心情愉悦。因此，选择正确的赞赏方式特别重要。

赞赏可分为直接赞赏和间接赞赏。在我们赞赏一个人时直接赞赏更简单，可以起到明显的效果，但是也由于其“简单粗暴”的特点，容易给人讨好、谄媚之感，让人感觉不真诚，而使赞赏效果大打折扣。同直接赞赏相比，间接赞赏就没有这些缺点，而且由于其间接性，更易使人产生信赖感，从而提高赞赏效果。因此，我们在赞赏别人时可多用间接赞赏。

【小短剧】

小王暑期在一个卖化妆品专柜卖某化妆品。由于缺乏经验，也不知道怎么跟客户介绍产品，所以第一个星期小王的业绩很惨淡。小王的上司看到她的这种情况，就告诉她说："要向客户介绍化妆品，首先要了解化妆品的本质。它不是生活必需品，而是一种奢侈品。它存在的目的是使人更美，所以在推销时要抓住顾客爱美的心思，多赞美顾客。"小王觉得上司的话很有道理，于是在向顾客介绍商品时，她总是很注意通过一个点来赞美顾客，从而推销自己的产品。

一次，小王向一位女士推荐化妆品。刚开始时，那位女士很抵触，她说自己有习惯使用的化妆品，小王推荐的化妆品她没有用过，也不了解是否真的适合自己。小王介绍了很多那位女士还是无动于衷。

这时，小王突然发现这位女士提着一只某品牌的限量款包。于是，小王的话锋一转："这包真漂亮，很贵吧。"

"是啊。"那女士露出很得意的神情。

"呵，真好看。"小王大声地赞美道。

"这是我今年到欧洲旅游时在巴黎买的。"女士眉飞色舞地说道。

"这款包可不便宜啊！"

"可不是吗，这是一款限量包，有钱也不一定买得到呢！"

小王听了那位女士的话，连忙接道："这可是个奢侈品呢，买得起的人都是上流社会的高雅人士，不过我们的这款化妆品也是，价格也有点贵，消费者也都是上层人士。"这句话正中这位女士的下怀，她毫不犹豫地买下了小王推荐的化妆品，并且对小王说有好的产品时要及时向她推荐。

【剧析】

人人都希望得到别人的赞赏。适度的赞赏可以拉近彼此之间的距离，打开一个人的心扉。对于销售员来讲，更需要用赞美的语言去满足顾客的心理需求，从而达到销售的目的。

赞赏别人是一种艺术，赞赏不仅不能“过”，也不能“不及”。销售员要根据不同的销售对象，采取不同的赞赏方式。是否选择了正确的赞赏方式和能否正确把握赞赏程度，是销售员赞赏时候收到实效的重要衡量标准。上剧中的小王就是通过很好的间接赞赏而达到销售效果的例证。

上剧中，小王以一个限量版的包为切入点，通过这个包推测那位女士的消费心理，然后经过巧妙适度地赞美，最后让那位女士心甘情愿地购买小王推荐的化妆品。试想，若小王没有通过赞赏那位女士的包而赞赏她的品位，进而推销化妆品，那么，仅凭她对化妆品的赞美，能否达到如此好的销售效果呢？结果，可想而知——不能。所以，对于销售人员来讲，正确运用间接赞赏十分重要。

【引剧论法】

赞赏的魅力是无穷的，间接赞赏更是如此，那么我们如何做好间接赞赏呢？

要做好间接赞赏首先要善于观察。这是赞赏别人的基础。我们要赞赏一个人时首先一定要发现这个人可赞赏的“点”，若发现不了可赞赏的“点”，谈何赞赏别人？

第一，以“点”代“面”地间接赞赏别人。以“点”代“面”指的是我们不直接赞赏某个人，而是赞赏这个人的某个优点。因为这个优点是这个人所具有的，所以我们在赞赏这个优点时，自然就间接地赞赏了这个人。

第二，借用“第三者”之口来赞赏。在我们的观念中，“第三者”所说的话大多比较公正、实在。因此，在赞赏别人时，以“第三者”的口吻，更能赢得别人的好感和信赖，可起到事半功倍的效果。

第三，赞赏之词要有“亮点”。有“亮点”的意思是，我们在赞赏一个人时，尽量不要赞赏那些众所周知的优点，而要注意赞赏那些细微但是真实存在的优点。千篇一律、人云亦云的赞赏之词很难引起被赞赏者的兴趣，甚至会由于听得太多而产生反感，所以细微的“亮点”更能引起被赞赏的注意，进而起到好的赞赏效果。

第四，赞赏之词一定要以事实为根据。赞赏别人的话不能脱离实际，一定要以事实为基础，否则，不仅达不到赞赏的效果，还会让人产生被讽刺之感。

第五，赞赏一定要适度。人们常说“过犹不及”，赞赏也是如此，太过夸大的赞赏之词只会让人觉得不实，甚至有谄媚之嫌，阻碍赞赏效果的实现。

第六，间接赞赏要注意在恰当的时候真诚地表达出来。赞赏别人的话一定要在恰当的时机表达出来，才能起到赞赏的效果。若是不顾场合随意地表达对别人的赞赏，可能赞赏也会变成负担，令人反感。

赞赏别人是一种技巧性很强的艺术。就像我们唱歌一样，可能每个人都可以随口哼唱几句，但是要成为一个歌唱家，却没有那么容易。因此，我们一定要努力学习赞赏技巧，做到根据不同的赞赏对象，不同的场合，选择恰当的赞赏时机，以正确的方式赞赏别人。

Tips：

▼要善于观察。

▼以“点”代“面”地间接赞赏别人。

▼借用“第三者”之口来赞赏。

▼赞赏之词要有“亮点”。

▼赞赏之词一定要以事实为根据。

▼赞赏一定要适度。

▼在恰当的时候真诚地表达出来。

第九章

没有说不明白的事，只是表达不够清楚

主要症状： 对方没听懂你表达的意思；误解你的意思；忽视了重要事情。

对症下药： 掌握表达要义，分清语言色彩。

用词准确，才能准确表达意思

中华语言博大精深，一个字可以有多种用法，同样的词语在不同语境中所表达的意思也不尽相同。一个词语往往还有多个近义词存在，两个相近的词语又可能会有不同的感情色彩。所以，在交际中常出现由于没有准确掌握词语含义或分不清语言色彩，用词不当，让人啼笑皆非的场景。

那么，如何掌握每个具体词汇的准确含义？如何区分各个相似词汇之间相似程度？如何才能准确表达自己的意思呢？

我们先看一个小故事。

【小短剧】

"哗"的一声，一所小学一年级教室的门，被忽然推开了。

"你凭什么说我不可能拿这学期第一名？你还是不是我的好朋友了！"李梅气急败坏地站在门口，指着朱娟说。

"我……我没有这样说过啊……"朱娟慌忙站起身，不安地回答。

"那你的意思是别的同学说假话喽，好几个人都说你说过。"李梅仍是怒气冲冲。

"我们是好朋友，我怎么可能这么说你。你学习这么好，我也觉得你很可能考第一名。"朱娟着急辩解道。

"可能？那就是不一定了？"

“不是，哎呀，跟你讲不明白，不和你说了，反正我没讲就是没讲。”朱娟也有些急了，对于李梅的咄咄逼人，她也有些生气。

“那你敢不敢和他们当面对质！”

“对质就对质！”

这时刚好老师经过，看到了这一幕，于是老师便成了查明真相、主持公道的人。

当别的同学把事情的来龙去脉一说，老师也不禁生笑。原来，朱娟在和其他同学讨论期末考试谁会得第一名时说了一句话，她说：“第一名是李梅痴心妄想。”

老师问朱娟：“你说的痴心妄想是什么意思？”

朱娟理直气壮地说：“我的意思就是李梅十分痴心地梦想能够考第一名。”

说完，李梅首先笑了，对朱娟说：“你不要乱用成语好不好，痴心妄想不是这么解释的，你把这个成语用在这里意思就成了我不可能做到。”

“啊？”朱娟有些不好意思了，“你也知道我语文不好……可我真不是那个意思。”

【剧析】

这个故事看起来很可笑，却直白地表达了在与人交往过程中“用词准确”的重要性。

小朋友处于识文断字的阶段，对有些字词理解不透，这情有可原，也属正常。但这个看似笑话的故事告诉我们：说话的过程中如果用词不准确，就可能会被对方误解，从而造成背道而驰的结果。

在这个生活节奏不断加快的社会，一切都讲求效率，尤其是沟通效率，用词不准确便会造成沟通障碍，降低沟通效率，甚至导致一些严重的后果。

在很多专业性强的行业，都有一些规范的用词，为什么要这样规范呢？原因就是提高沟通效率，保证信息传递的准确性。其实，我们在平时说话时，也应该有这样的规范，这样我们便可以准确表达自己的意思，让对方完全明白你的意思。

【引剧论法】

那么，如何做到准确用语，准确表达心中所思所想呢？

首先，要掌握每个词语的准确意义，不要不懂装懂，不能想当然使用。不然就会像故事中的朱娟一样闹了笑话，还可能失去一个朋友。在把握语言准确性上，除了日常的学习外，应该多留意那些陌生的、模糊不清的、理解不透的词语，可以使用字典查询，也可以通过现代网络工具进行搜索。

其次，弄清词语语言色彩，不要随意使用。很多词语都有特定的感情色彩，尤其是涉及贬义词、褒义词时更要警惕，稍有不慎就是“差之毫厘，谬以千里”了。例如羞愧与后悔，脆弱与软弱等，看似意思相近，但表达出来的意思却可能有着十分微妙的差异，给听到的一方不同的心理感受。

最后，要及时把握词语的时代变化。随着时代的进步，词语本身虽然并没有变化，但含义却大不相同，甚至语言色彩都有了变化。例如，“小姐”二十年前都是比较文雅得体的称呼，现在却都不能轻易喊出来。例如，“美眉”、“马甲”、“抛砖”等，在现代网络时代，这些词的含义已经与新华字典上的含义大相径庭了。

综上所述，只有用词准确，才能准确表达意思，才能在人际交往中正确表达和展示自己，才能为你的社交铺垫坚实基石。

Tips：

▼对于一些不完全理解的词汇，最好不要用。

▼说话用词之前，弄清词语所表达的感情色彩。

▼时代语、网络语，要分场合使用。

说话有逻辑，说“1”对方便能想到“2”

生活中常有人被评价“讲话没逻辑，乱七八糟……”，或者“想到哪儿说到哪儿，缺乏逻辑，听不懂”等。那么，什么是逻辑？怎么成为说话有逻辑的人？

逻辑，字典上解释一是研究思想本质和过程的科学，二是合乎一般常情的规律。日常生活中常讲的逻辑，多为后一种解释。著名哲学家康德认为，逻辑是先天的，是与生俱来的，每一个具有理性思维的人都有逻辑思维能力，只是有的人运用得好，有的人运用得不好罢了。

说话有逻辑的人，常常是他说“1”听者便能很快想到“2”。而说话缺乏逻辑的人，就常使自己陷入无人赏识、无人理解的窘境。

【小短剧】

“停，停！爸爸，我觉得你的演讲缺乏逻辑性……”李海上高中的女儿甜甜打断正在洗手间对着镜子练习的爸爸。

“怎么了？”李海停下来，扭头看着站在门口的女儿。

“我刚听了一会儿您的演讲，怎么感觉乱七八糟的，没有重点，也没有层次。什么项目进度，然后是团队活动，再就是你的建议，最后竟是部门成员介绍……”甜甜指指她记录的要点，噘着嘴说道。

“不是什么演讲啦，月底总裁见面日，各部门管理层的述职而已。”

李海挠挠头笑笑说。

“老爸，虽然您是技术男不善言辞，但给领导汇报工作就应该有逻辑，领导听了不满意可是直接关系到您的岗位和薪水晋升哦！”甜甜说。

“您看，平时您和我们瞎聊聊就算了，乱七八糟讲也没人计较。但这次这么重要的场合，您还这样讲，那怎么能行啊？！”甜甜继续说道。

“是啊，是啊，我也觉得你讲的没重点、没层次，摸不着你想表达什么意思。”李海老婆也凑过来笑道。

“好吧，那你们给我把把关，看怎么汇报比较好。”

于是，在女儿、老婆的指导下，李海的述职内容重新调整了顺序。

汇报结束后，李海得到了领导的一致好评，夸奖他的述职脉络清晰、主题突出。

【剧析】

在小短剧中，李海在用心对镜练习时，他女儿却忍不住说出了他的最大问题——没逻辑。

按照李海原来的述职次序，五个模块：入职感受、项目进度、团队活动、个人建议、部门成员介绍……确实是排列杂乱，一个个主题间缺乏必要联系，没有明显的脉络，对于他想要表达的内容，让人有点摸不着头脑。

假如就这样将述职内容汇报给总裁听，效果一定不会很好。因为身为管理者，语言缺乏逻辑性，让人感觉一团糟，很难不让人想象到工作上是否也是这样“一团糟”。领导在倾听的过程中也会失去兴趣。

所以，讲话一定要有逻辑，不可信口开河、天马行空，这样容易让人摸不着头脑。

【引剧论法】

既然讲话逻辑性这么重要，那么如何提升语言的逻辑性呢？培养话语的逻辑性，可以从以下两方面入手。

首先，注意沟通内容的逻辑性。要求说话的人在沟通前自己先做好系统性思考，明白自己说话的目的和想要表达的观点。然后，在沟通目标的指引下，整理所需要的语言素材，通过素材的层层搭建，以达到所预期的沟通效果。

这个过程就如画一棵树，先画好树干走向，再不断添加枝叶，而不是不假思索、率性而为，让思想如脱缰的野马般漫无边际，想到哪儿说到哪儿。

系统性思考能力，可以通过学习后加以反复练习培养。推荐《金字塔原理》、《思维导图》等侧重系统性思考能力培养书籍。

其次，讲话的脉络要清晰。注意语句之间的层次关系与逻辑形式，最好能够达到你说 1 别人便能想到 2 的效果。常见逻辑形式有“总一分一总”、“分一总一分”、时间轴、因果联系等。因为这些逻辑形式有清晰的语言脉络结构，也符合日常生活中常用的思维习惯，而更容易被理解。

另外，也可以使用一些适当的关键词，如：“虽然……但是……”“首先……其次……很重要的一点是……”“既……又……”等。通过内容和形式两方面把握，从思考能力到语言表达，由内而外地提升语言表达的逻辑性，当你说 1 时别人便能想到 2，你的沟通便会达到事半功倍的效果。

Tips：

▼说话前在头脑中大致罗列出一个大纲，先说什么，后说什么，最后说什么。

▼在说第一个主题时，融入第二个主题的内容。

▼准确掌握一些转折连接词，这样会让说话更严密。

难以形容的，请用肢体语言

生活中会常碰到一些特殊场合是无法用语言形容的，但这时候该如何让对方明白你的感受呢？肢体语言能够给我们答案。

心理学研究表明：有时无声语言所显示的意义要比有声语言多得多，而且更真实、生动，让人印象更深。因为人们通常会认为，口头语言因为语言使用的熟练程度可能带有欺骗性，而肢体语言却多是潜意识引导。一个被大众认可的公式可以说明这个道理：信息的传递 =7% 语言 +38% 语音 +55% 肢体语言。

很多实践也证明，肢体语言较之口头语言是一种段位更高的表达方式。当口头语言都不能表明感情时，当觉得没有合适的语言来形容当时的心情时，用肢体语言来表达往往效果更佳。

【小短剧】

“你到底去不去啊？”看着犹豫不决的小雪，郑雯雯问。

“按理说我应该去……毕竟我们曾经那么好。可是，好久都不联系了，这时候才去她会怎么想呢……”小雪皱着眉头说。

听说大学同学林晴最近家里出现了变故，她的妈妈被查出胃癌晚期，爸爸公司又濒临破产，日子很不好过。所以几个同学组织想去探望林雪妈妈，也给林雪一些鼓励和支持。小雪犹豫要不要一起去，是因为毕业时和林晴闹过一些不愉快，已经有很长一段时间不联系了。

“那你心里怎么想的？不要管别人怎么说，你到底是想去，还是不想去？”郑雯雯有点不耐烦了。

“我心里是想去的啊，虽然当时闹了点矛盾，但都是小事，也过去那么久了。这么久没见，我也想见见她，安慰安慰她……”小雪回答道。

“那就去呗！”

“去了说什么啊？感觉怎么说都不合适，万一哪句话说得不对了，反而惹她更不开心，我们也都知道她是个自尊心很强的人……”小雪还在犹豫着。

“哎呀，想那么多干吗，想去就去，具体说什么，视情况而定啊！”郑雯雯是个心直口快的姑娘，她觉得小雪过于心细了。

考虑了一晚上，小雪终于决定和大家一起去探望林晴妈妈，虽然她还是为不知道见到面后应该说些什么而忐忑不安。

当小雪和一行人进入病房，看到林晴瘦弱的身影时，小雪想要说些什么，但千言万语却冻结在唇齿边，怎么也说不出口。同学们一个个地嘘寒问暖，轮到小雪时，她干脆什么也不说了，慢慢地走过去抱住林晴，手掌在她的背部轻轻地拍了拍。

在拥抱的刹那，两人曾经有过的纠葛、纷争灰飞烟灭，无声的一个拥抱瞬间拉近了她们的距离，使她们又成为了好伙伴，再不需要过多的语言。

【剧析】

在这个短剧中，小雪为参加久不联系的同学见面而左右为难。虽然和林晴之前发生过不愉快，但当听到对方家里发生了一连串的伤心事后，她能放弃旧怨、不计前嫌去给予林晴安慰和支持，确实是一个非常善良的姑娘。

但许多时候，好心办错事也是常有的现象。在想要给人帮助时，往往也要考虑下对方是怎样的人，会不会因为不够细心周到而起到相反的效果。

因为是在和对方闹过不愉快后许久不联系，而现在联系时对方又处于非常落魄的时候，细心的小雪有所担心不无道理。在这样的情形下，她被认为是“幸灾乐祸去看笑话的”也有可能。虽然生活中不乏一些喜欢落井下石之狭隘人，但她不是，她是真的已经忘记了罅隙，想去安慰和鼓励林晴。所以这时，见面第一句该怎么说，基本上就决定了她以后在林晴心中的印象。

说“你真是太不幸了”，容易引起自尊心强的人觉得被人可怜的反感；说“这么多事发生，你太不容易了”，有幸灾乐祸的嫌疑；说“我们来看看能帮你什么”，又太过生硬，毕竟已经久不联络。

故事中的小雪在面对这种语言困境时就做得很好，她干脆放弃了口头语言，改用肢体语言。拥抱是一种关怀，也是一种呵护，是亲密无间，也是默默的支持和鼓励；手掌在背部轻轻地拍打，这更能表达一个人对另一个人的怜惜与心疼，就好像儿时妈妈将我们抱在怀里轻轻拍打背部，暖暖的，涌上心头。

此时的拥抱与轻拍不仅让二人冰释前嫌，也避免了很多语言可能会带来的歧义和误会，成为了他们友谊继续的点睛一笔。

【引剧论法】

肢体语言在沟通中起着重要作用。有时即使用千言万语也难以形容的，一个眼神，一个手势，或相视一笑，或一个拥抱，便可以将种种复杂的情感表达得淋漓尽致。

有声语言直接诉诸于人的听觉器官，需要通过人们根据自己的想象去理解，常会因对象的不同而造成理解不一。而肢体语言则不同，它以灵活多变的表情、动作、体姿呈现出一副直观、生动的画面，直接诉诸与人的视觉器官，具有不但让人感觉真实可信，更兼具形象直观的特性。

肢体语言的表达，有很多常见的动作：鼓掌表示兴奋，垂头代表丧气，摊手表示无奈，捶胸代表痛苦，抬头挺胸表示自信等。

但因为地域性或具体场景的不同，肢体语言所表达的含义也不尽相同。例如竖起大拇指是很多地方都通用的手势，代表“很棒”、“非常好”的含义，但在其他国家却可能表示相反的意思。多学习各地区肢体语言代表的不同含义，熟练掌握必要的肢体语言，会使我们在与人沟通的过程中更加如鱼得水，游刃有余。

Tips：

▼多学习，掌握各种肢体语言的具体含义。

▼注意不同地区肢体语言的差别。

▼无法用语言形容的，请使用肢体语言。

简洁陈述，不要越说越乱

俗话说“要言不烦”，要，就是简明扼要；烦，烦琐，就是说说话或写文字应该简明扼要，不烦琐。

在社交场合说话啰唆、冗长，会使听者产生神经疲惫、心情烦躁又不好粗暴打断的尴尬和痛苦。而说话言简意赅、简明扼要的人则会让人感觉到舒服，在沟通时更容易引起别人的好感。

但是，如何做到简洁陈述，避免越说越乱的尴尬呢?

【小短剧】

老张来到了一家布局时尚、环境优美且十分注重私密空间的餐厅，他与多年未见的好哥们阿亮约在这里，打算好好聚一聚。二人在大学时是上下铺，关系非常好，用阿亮的话讲是“已经穿一条裤子了”。因多年未见，都觉得有很多话要唠唠，所以老张特意选了这么个不太吵的地方。

老张是新婚，阿亮还没见过他的妻子冯丽，所以一再嘱咐务必带新嫂子一起来。

见面都很热情，冯丽也是个开朗的人，虽然和阿亮初次见面但也已经谈笑风生了。

“阿亮你是东北人啊，东北真是个好地方啊，你们那儿黑米煮粥真好喝。”冯丽笑道。

“嫂子喜欢的话，回去我给你寄过来一袋吧，绝对正宗的东北黑米”阿亮爽快地说。

“呵呵，那我就不客气了哦！据说黑米补肾补血，长期喝这个可以美容养颜的，我有个阿姨五十多岁了，看上去像三十岁左右，她说可能就是因为一直喝黑米粥的缘故。东北是个好地方，笑星辈出，像是赵本山啊，小沈阳啊，宋小宝啊等好多，我最喜欢看他们的节目了，太逗了，每次看我都跟抽了风一样，笑得停不下来。赵本山还真算是东北笑星中大师级的人物……”

“小丽，喝点水吧。”老张知道老婆是话匣子，一打开就很难再关上，所以就委婉地打断了她。

“嗯嗯，阿亮也喝水啊，这茶味道不错。说起茶，阿亮你平常喜欢喝哪种茶啊？我最喜欢铁观音了，它有股天然的兰花香，怎么喝都不腻。不过现在流行喝普洱茶，说是能减肥。上周，我们公司就有个小姑娘推荐我……”

就在冯丽滔滔不绝、自言自语的时候，老张和阿亮却面面相觑，本来是想畅谈一通，聊聊这几年各自的发展经历的。但看冯丽这兴奋的样子，谁好意思打断她的独播剧呢！

【剧析】

本来主题是两个久别重逢的老同学聚会，按常理应该是两人见面后畅所欲言，每人讲一番自己的辛苦血泪史或者辉煌奋斗历程，相互了解和渗透，不断交换意见并逐渐恢复当年的亲密无间的美好情谊。但是老张新婚妻子冯丽的出现，彻底打乱了这个正常逻辑。

在这里，她反客为主了。她的第一句话很好，问及阿亮家乡，又对他家乡特产赞誉，这侧面也体现了她对阿亮的肯定。若到此为止的话，冯丽将会给阿亮留下开朗、友好的好印象。

但冯丽接下来的“话唠模式”却显得吃力不讨好，她在老公与同学的聚会中一直处于掌握话语主导权的位置，没有顾忌在场两位男士的感受。再者，即便是闲聊也要注意逻辑与主题明确，围绕一个话题可以延伸到其他话题，但冯丽的语言却颇为凌乱、啰唆，从黑米到黑米养颜，转而跳跃到东北笑星，再到赵本山，在被老公打断后又因为一句“喝茶”而再次跳跃到了喝茶喜好，再到减肥，一会儿的工夫就跨越了四五个话题，跳跃非常频繁。

最为关键的一点是，她是自顾自地跳跃，没给他人参与感。可能也正是因为跳跃得频繁而使得别人根本来不及参与，因为可能针对她的这一话题，朋友心中已经在想要如何应接，可没等应接，这个话题已经被跳过去了。

三个人中，老张是最尴尬的，当天的主题原本是相聚，哥们之间追忆往昔，畅谈毕业后的人生阅历，却变成了妻子一个人的独角戏。他中途让冯丽喝水，其实也是希望她能适时收敛一些。但冯丽只沉浸在自己的散漫语言中，并没有觉察丈夫的提示。

而对阿亮来说，冯丽刚开始对自己家乡的关切，他是很有好感的。只是没料到冯丽会从这里展开，从家乡名人到现场喝的茶，想到哪儿说到哪儿，完全不懂对方想表达什么意思。

所以，预期的老同学相聚时谈天说地、把酒言欢，被冯丽的滔滔不绝取代，这个聚会成了让人尴尬的聚会。

【引剧论法】

“语言在精而不在多”，简洁陈述才不会越说越乱。养成简洁陈述的好习惯，可以从以下几个方面着手：

第一，在发言前，应先整理好思路，使谈话内容有条理性。

沟通最怕的就是说话缺乏条理性，它会轻易将人变成信口开河、废话连篇、不断重复的境地。在发言前应先整理好思路，将沟通内容有序排列，以有条理性呈现。

第二，用心聆听，及时观察对方的反应。

沟通是相互的，用心聆听才能掌握对方想要表达的意思，才能在接下来的沟通中有的放矢，才能避免自话自说的尴尬。而及时观察他人反应，要求我们要学会站在对方的立场去判断自己的语言是否合适，是否让对方能够理解。当你讲话，而别人产生不耐烦的时候，就要想一想是否自己语言繁杂，就要及时做调整。

第三，少说废话。

不要说无关痛痒的话，不要说和主题不想干的话题，否则，即便辞藻华丽也会让人觉得多余。尤其在现代社会，对时间观念越来越强的人们来说，自己一分钟的浪费都是罪过，别人对自己时间的浪费更是不可饶恕的。少说废话，不能任由思想的野马任意驰骋。

Tips：

▼用心聆听，及时观察他人反应。

▼说话前先想好，先理好思路，再按逻辑性说出来。

▼少说废话。

重复叮嘱，重要事情要再三叮嘱

大多数人都有这样的经历：你交代给对方办的事情，明明很重要，对方却一扭头就忘记了。为什么会出现这样的情况呢？

你去问对方，为什么？这么重要的事情为什么会出错？

原因可能很多：对方记忆力比较差，想不起来了；对方一开始并没有完全理解你的意思；对方没有意识到那么重要；也可能是当时对方走神了……你很苦恼，对方也很苦恼。如何避免类似情况不断发生？

除了对方记性不好外，大部分原因是因为信息发送人（即说话的人）把信息传递给接受者（即听话的人）时的信息，与接受者理解的信息不一致，也叫信息接收不对称。

近来网络上比较流行一句话“重要的事情说三遍”，即重复叮嘱，重要的事情要再三叮嘱。这句话很好地解答了如何改变信息接收不一致或不对称的问题。一次信息接收有不一致，那么就两次、三次、多次接收同样的信息，这样出现的偏差就会小很多。

【小短剧】

张媛是个很有小资情调的女人，喜欢浪漫有格调的生活。周末，她就借了一个朋友的郊区别墅，打算和家人一起在这里度过两天一夜的美好时光。

她和女儿昕昕先到目的地，老公志鹏因为公事估计要晚些才能到。

一到别墅，她和女儿便啧啧声不断。

“妈妈快看，这个院子还有花园和菜地呢！”昕昕兴奋地指着说。

“是啊，真是好地方，空气清新，布局也漂亮！”张媛也十分惊喜，内心已经不自觉地在想：如果这是我的家该多好啊！

“哇，还有咖啡机和烤箱，金牌大厨你又可以露一手了。”昕昕十分惬意地坐在室内秋千椅上，看着厨房的方向感慨道。

“好哇，本大厨今天就让你们开开眼。”

张媛到厨房巡视一圈，脸上的兴奋在打开冰箱后似乎有些消沉，她摇了摇头说：“看来我们要自己准备点食材才行。”

她拿起电话，打给老公：“喂，老公，方便听电话吗？哦，没事，就是看你几点过来……你来的时候顺便带些食材吧，嗯，有米，买点肉和菜就行，面包、牛排、红酒，水果也买一些……调料厨房都有，就是盐快没了，再带包盐吧……嗯，好的。哦，再买点宝贝爱吃的鱼丸，再买一些火锅食材，毕竟两天呢，我们可以吃西餐，也可以吃烧烤，还可以吃火锅，工具不用担心，这里很齐全……好的，那你来的路上注意安全哦，离得有点远，这边路灯不多，你慢慢开……好的，一会儿见！”

挂了电话，张媛就开始以冰箱现有的少量材料准备起来。当夜幕降临，星星布满天空时，志鹏终于赶到了。

“昕昕、媛媛我来了！快来帮我拿东西啊！”

“爸爸，这么晚啊，等你吃大餐呢。”昕昕笑道。

张媛顺手接过食材，一一翻看，“咦，盐呢？”

“你让买盐了吗？你不是说调料都有？”

“我说盐不多了，让你带一包啊……”张媛感到沮丧极了，“缺什么也不能缺盐啊，否则怎么做大餐？”

“那我可能忘了或记错了吧，不行，明天我再去一趟超市吧。”

“可是这边超市都离得比较远，还得来回折腾，你说你一趟买全了该多好！”

【剧析】

原本浪漫、温馨的家庭度假日，因为一包盐的问题，变得让人有点苦恼。

在张媛看来，度假的大餐是应有的内容，而缺盐是做不出美味大餐的。所以在她巡视完厨房后，便立即发现了“盐快没了”的事实。有厨房经验的人都懂，做饭可以缺很多材料，因为总有替换，但盐却是唯一不能替换、不能缺失的。所以在志鹏买回来的一众食材里，当张媛发现没有盐时，表现得非常沮丧。

而志鹏，可能是对厨房事务的不精通，也或者是张媛打电话时他正在忙其他事情，并没有准确捕捉到“盐快没了”这个重要信息。所以当张媛问起时，他多半是沮丧、尴尬和懊恼的。

如果说，张媛在和老公通电话时可以将明细分轻重，把重中之重的盐重复提及几次，强调“一定要带包盐回来”，“千万别忘了买盐”，“没有盐可是什么都做不了”，老公恐怕就会对“买盐”记忆尤深，忘了什么也不会忘了买盐吧。

【引剧论法】

信息接收不一致、不对称的问题，在生活和工作沟通中很常见，尤其是在双方对某一事情的理解本来就存在偏差时。只有重复叮嘱，重要的事情再三嘱咐，才能确保听者对信息的掌握全面、准确。具体可以从以下三个步骤入手。

第一，确保自己把重要信息讲清楚。

即说话的人在讲重要事情的时候，务必自己要逻辑清晰、要点明确，不能结构混乱、细节冗长，让听的人摸不着头脑。在重要事项上，可以反复说明其重要性，以引起重视。

第二，让对方复述要点。

当说话者讲清楚自己想要表达内容后，让对方复述他所把握的信息、要点，看是否全面、准确。从对方复述中，也可以看出对方对沟通信息的理解，看是否有误解或遗漏点，便于及时发现并纠正。而且，复述有利于加深双方的记忆。

第三，再次叮嘱要项。

在对方复述完毕后，应再次叮嘱要项，详细讲明每一个具体点，以强化对方记忆。

Tips：

▼确保自己把重要信息讲清楚。

▼让对方复述要点。

▼再次叮嘱要项。

敏感问题，从不敏感的角度开始

你是否遇到过这样的情况：你的话刚一出口，对方的脸色就变得非常难看，回去后左思右想，你发现原来是说到了对方的敏感处了，可这时后悔也来不及了。

生活中常有这样的情况出现，有时是说者无意，有时却是不得不为之，可一沟通就变脸怎么能达到有效沟通的目的呢？如何沟通敏感问题，却不引起对方反感？

大部分人都有敏感话题，或是涉及隐私，或是涉及信仰，或是其他原因，这是每个人的基本权利。大部分时候，我们会选择少碰触别人忌讳的话题，以避免尴尬和矛盾。但仍有一些时候，我们不得不就敏感话题和对方沟通。这时，如何在不引发反感、尴尬的基础上，就敏感问题展开，是值得大家深思熟虑的话题。

【小短剧】

一下班，朱珠就赶到姨妈家来。

姨妈在电话里反复恳请她来，是因为表妹莎莎填报大学志愿问题。

姨妈说高考莎莎发挥得很不好，所以她这几天情绪低沉，很少说话。但很快就要填报大学志愿了，家人想和她沟通一下，她却一直回避，多说几句就翻脸。

姨妈说，虽然莎莎这次考得不好，但大家都没有怪她，只是她太敏感了。因朱珠和莎莎向来关系不错，又是名牌大学毕业，希望她能和莎莎沟通一下这事。

朱珠进了莎莎卧室，看到她正在翻看《时尚芭莎》杂志。

“哇，这个裙子不错哦！”朱珠凑过去说。

“嗯，今年流行这种一字领裙子。”莎莎回答。

“我说怎么看着眼熟！想起来了，上次我们高中同学聚会，有个女生就是穿这款裙子。哎！上次那个聚会真是让我开了眼啊！”朱珠看着莎莎期待的眼神，接着说，“高中时就是拼一个成绩，也没觉得有什么厉害角色，没想到我们班也是人才济济啊。譬如那个穿一字领裙子的女生，高中时成绩不怎么样，默默无闻的，我都差点忘了她名字，谁知道人家现在混得可谓是风生水起，厉害着呢！当时她的成绩只能够上一个三流大学，学的电子商务专业。据说，她也是蛮拼的，毕业后一直在这个行业里摸爬滚打，先是给人打工，后来自己做，折腾了好几年，现在算是我们班里最土豪的一个，年产值好几十万呢！”

“三流大学毕业的，这么厉害啊！”莎莎惊奇地问。

“妹妹，人生不是百米冲刺，不可能一个高考就定输赢了。人生是一场马拉松，别羡慕开头冲得很快的人，谁笑到最后还不一定呢！”朱珠拍着莎莎的肩膀笑道，“别说一个高考了，进入社会后你就会发现，外面的水深着呢！”

“哦，那姐你觉得我适合什么专业呢？这次没考好，好大学怕是上不了，那我就要选一个好专业啊。”

“真是个聪明妹妹，一点就透啊！按我对你的了解，我觉得……”

【剧析】

高考对于每个人来说都是意义深刻的一个过程，特别是刚高考结束的同学。由于社会和学校对高考神圣化的大肆宣扬，每年受成绩不佳打击的人不在少数。而案例中，莎莎考得比平时摸底考试都低，痛苦和沮丧自然更甚，所以出现了“一直回避”、“谁说跟谁急”的情况。

姨妈请朱珠来和莎莎沟通这个敏感话题，真是选对了人。通过这个故事我们发现，朱珠除了是名牌大学毕业、和莎莎关系不错外，她的沟通能力也很强。

虽然朱珠带着任务出场，但她的开场并没有直击敏感话题。当她看到莎莎在翻看杂志时，便选择从杂志内容聊起，显得自然，又能迅速把莎莎带入沟通中。紧接着，从一字领裙子说到同学聚会，从同学聚会引到“人生不是百米冲刺而是马拉松”的人生观问题，借机谈起了高考成绩是否重要的敏感问题。

莎莎也是很聪明的人，明白道理后，便不再纠结或沮丧。基于对表姐的信任和崇拜，她主动提出了报考大学志愿问题。于是，在看似漫不经心中，朱珠完成了她的任务。

【引剧论法】

敏感的问题，选择从不敏感的角度开始，在不经意间引出主题，才能使对方不感受到压迫、威胁，以达到有效沟通的目的。

在敏感问题沟通时，我们可以从以下几点入手。

第一，沟通前，先确定此话题的敏感程度。是对方觉得敏感，还是大家都觉得敏感的话题，以确定以何种说辞和对方沟通。

第二，换个角度，从不敏感的语言开始。尽量找可能引发敏感话题的角度，在对方不经意间就可以过渡到敏感话题。

第三，找好过渡语言，顺势带出敏感话题。为了避免敏感话题带出的牵强，应该找出开始话题和敏感话题之间的过渡性观点，再顺势带出敏感话题。

第四，注意在沟通过程中，保持友好、坦诚的态度。敏感话题一般是对方比较看重、忌讳的，所以在沟通过程中务必保持友好、坦诚的态度，才不致引起对方的抵触情绪。

Tips:

▼先确定在对方心中的话题敏感程度。

▼换个角度，从不敏感角度开始。

▼找好过渡语言，顺势带出敏感话题。

▼要保持友好、坦诚的态度。

复杂问题，解释原因有必要

生活、工作中是否有这样的情形：你觉得没那么难的一件事，但交给别人处理后就大打折扣、状况百出。当你质问对方为什么会做不好时，他会很委屈地告诉你，他认为你就是这样的意思，或者他觉得这样做就是对的。到底是谁理解错了，究竟是你的原因，还是对方的责任呢?

一般来说，类似事件的发生，大部分原因都是：对听者来说，这件事情太复杂了，超出了他的常识理解范围，而作为说话人的你并没有解释清楚，所以他就只能按照自己的理解去做了。这样的话，结果难以如意就在所难免了。

【小短剧】

“小冯，你看看你的表格，竟然出现了十几处错误，你究竟有没有用心啊?！”赵静看起来十分生气。

“我就是按你说的做的啊……”小冯涨红了脸，辩解道。

“我是这样跟你说的吗? 回去好好看文档怎么要求的吧！还有一天的时间，完不成的话，你别干了，我们大家也都别干了！”

“你……你太过分了！”小冯气得眼泪都流出来了。

她快步走出办公室，来到部门总监刘总门前，敲门进去。

“刘总，我不干了！赵静太过分了！我按她的要求做表格，完后她说错误太多，说我不用心，她态度太恶劣了！”小冯激动地说。

“来来，小冯先坐下来喝杯水。”

在仔细询问过经过后，刘总大致明白了问题出在哪儿。

随后，他叫来赵静。

“你们俩这矛盾，我遇到过很多了，是沟通方式的问题。小冯人不错，也很努力，只是刚工作，理解力有限。”刘总拍拍赵静的肩膀说。

“我觉得在这件事上，她是不认真的！您看对表格的要求，文档里列出了十几条，还开会给他们一条条讲过。当时我还问过，谁有不懂或疑问可以提出，没有一个人提出疑问啊。结果一做就错，您说我能不恼火吗?”赵静无奈地说。

“嗯，你的心情我理解。但是，你当时只要求他们一条条遵守，并没有讲为什么吧？没有解释清楚原因，对方就不知道为什么要这样做，理解可能会不同，出错就自然了……我建议你再试一次，先解释为什么要这样做，再讲怎么执行。如果小冯还出错，就是她自己的问题了。”

“好吧，看您面子，我再试一次。”

不出所料，在赵静尝试耐心地解释原因、逐一讲解后，很快就收到了小冯让人满意的表格。

【剧析】

案例中小冯感到委屈，她觉得按照要求做出的文档，竟然会被说“没有用心”。而根据刘总对她工作的评价“很努力”，我们不难发现，被说工作不用心，确实是对努力工作的人来说最难以接受的否定。

赵静很生气也很无奈，因为她觉得已经逐一讲解要求，又给大家发了注意细节的文档，已经将工作要点说得很清楚了，怎么还会有人一下子错那么多。而距离提交表格的时间越来越近了。从她的角度来看，出现这样的事情，任谁都难免气急败坏。

但是作为过来人的刘总，却一眼看出了问题的关键点。他说这是沟通的问题，是赵静在讲解表格要求时没有解释清楚原因。她没解释原因，小冯就不一定能完全理解文档要求，那么，不理解造成的工作偏差就在所难免了。

所以他建议赵静再试一次，先解释原因。而当赵静依言再试一次后，果真达到了预期效果。

【引剧论法】

复杂问题，超出了对方理解范围的，解释清楚原因才能达到预期目的。只有解释清楚原因，对方才能够真正理解，才能达到有效执行。否则，对于超出理解范围的事情，人们总习惯于从自己的角度出发，只注意自己觉得应该注意的。

解释原因，是让双方充分理解复杂问题的过程，也是将双方的理解力相互交换和呈现的过程。通过这个过程，使双方对问题的理解达到基本统一的程度，这时，复杂的问题就会变得没那么复杂。

在解释原因时，请注意以下细节。

第一，确保原因解释得全面、准确。复杂的问题，大都有多个层面构成，从总体到局部，从过去到未来。而解释其原因时，就有必要对所涉及的每一个层面，都尽量可能全面，以避免以偏概全、一面之识。而准确性则要求，原因必须正确无误，必须是客观存在而非主观臆想。

第二，解释时最好使用具体语言描述。大部分人在描述复杂问题时，喜欢重点渲染、突出强调，而对原因的描述更倾向于笼统说出、模糊处理。只有使用具体语言描述，原因的解释才能具体、准确，人们的理解才能准确、到位。

第三，解释原因时，可以使用逻辑树思维。当遇到原因比较多，情况比较复杂的，可以通过逻辑树将问题逐层罗列，分层讲解，这是麦肯锡分析问题最常用的工具。

Tips：

▼确保原因解释全面、准确。

▼解释时最好用具体语言描述，而不能模糊处理。

▼可以使用逻辑树。

第十章

没有不能反驳的人，只是语言太过苦口

主要症状： 不敢或不好意思批评、反驳、拒绝对方，或批评、反驳、拒绝之后对方不但听不进去，反而导致对方消极情绪。

对症下药： 巧妙引出批评话题，批评之后迅速转移。

巧用“三明治”批评法

一般来说，人们在心理上更倾向于受到赞美和肯定，而对否定性的语言则多数持抗拒心理。批评本身带有强烈的否定性，这和人类“渴望被肯定”的本性背道而驰，直接的批评性语言往往会引发人的反感和抵触。心理学家威廉·詹姆士说过，“人类本质中最殷切的需求是渴望被肯定”。

但在现实生活中，批评在所难免。如何恰当地批评又不引起当事人反感？如何指出错误又不伤和气，从而有效达到预期目的呢？可以试试“三明治”批评法。

【小短剧】

一回到家，老刘就拉着女儿冰冰坐下。

“冰冰，听说你现在审美水平越来越高了。你建议妈妈买的裙子，在她同学会上受到诸多赞美啊！好样的姑娘，爸爸看好你哦！审美能力是一种艺术鉴赏能力，这种能力据说在未来时代是最有潜力的。”

冰冰吐了吐舌头，说：“不会吧，这也是一种能力？”

“当然了，书上说‘审美是人生命的第三只眼睛’。”老刘环视了下四周，说，“哇，这笔筒不错！”

“嘿嘿，在夜市上淘的。”冰冰说。

“有眼光！你将来想往艺术方面发展吗？譬如画画，服装设计……”

“我觉得服装设计适合我！”冰冰立刻说。

“哈哈，到时我和妈妈都穿你设计的衣服，想想都高兴！”看看冰冰激动的脸，老刘说，“我之前有个朋友，说他家孩子就是学服装设计的，在大二时因为成绩优秀，被派到法国做交流生，现在已经成为知名设计师了。”

他停顿了下，看着冰冰说：“可是，听你妈妈说，爸爸不在家这段时间，你光顾着玩游戏，都没心思学习，妈妈说你两句就翻脸。你知道，服装设计师可不是谁都能当的！没有必需的文化基础，或者没有应有的学历起点，那是很难成为一名优秀且知名的设计师的。就像我朋友家的孩子，如果不是因为他成绩优秀，他的理想估计到现在都很难实现。人生有很多阶段，每个阶段都有该做的事情，你快要中考了，这个阶段，你最该做的事情就是学习。”

看着冰冰点了点头，他继续讲道：“谁都有思想偏差的时候，但是发现问题要及时扭转。我和妈妈都觉得，凭你的聪明，从现在开始努力，你就一定不会比别人差！只要你能够在电脑游戏上少浪费时间，就一定能够追上去，继续做你的班级前五名！亡羊补牢，为时不晚。你觉得呢？光有理想不够，还要为实现理想去努力准备啊！”

“老爸，我知道您意思了！谢谢您没有一顿责备与批评！我保证，今晚就删掉游戏，开始努力学习，为理想加油！”

“好孩子！加油！”

【剧析】

接近中考的时间，孩子心思却不在学习上，这对于望子成龙、望女成凤的家长来说确实是十分令人苦恼的一件事情。孩子做得不对，就应该及时指出来，使其认识到不正确行为并及时改正。但“妈妈说你两句就翻脸”，表明单纯的批评是不行的。因为这个年龄段的孩子大都处于叛逆期，自尊心很强。直接批评大多会让对方产生抵触情绪，是不能起到什么效果的。

老刘面对的，一边是妻子对于女儿不专注学习的抱怨，一边是女儿比较强的自我意识。该从哪儿寻找突破口，处理好这个看似棘手的问题呢?

在这里，他运用了“三明治”批评法，完美地解决了。

老刘先从表扬女儿审美水平提高入手，再结合具体的笔筒事件，表明他的表扬并非道听途说。然后，从审美能力引申到女儿的个人理想，再举例朋友家孩子的成功案例。接着，趁势讲出妈妈抱怨的内容，委婉地批评女儿学习不专心、只顾玩游戏的事实。最后，鼓励女儿，说相信凭她的聪明，只要开始努力，就能够做得不差。

他这样讲下来，女儿觉得很受用，觉得自己能认识到错误，自尊心也得到了维护，自然就接受了。

【引剧论法】

如上，当需要批评对方的错误时，巧用“三明治”批评法，往往能够收到满意的效果。

巧用“三明治”批评法，应注意以下几点。

第一，从真诚的赞美和肯定开始，并引出话题。

因为人人都渴望被肯定和赞美，所以从赞美和肯定开始，能够让当事人有获得尊重的满足感。人们在有满足感的同时，往往对对方的观点也感到认同，这样的认同有利于打开心门、坦诚交流。同时，要适当为接下来要批评的事件做铺垫，防止主题跳跃过于突兀而引起对方警惕。

第二，批评，但不要只“批”不“评”。

“批”在很大程度上指的是责备，是对具体举动或事件的态度，而

“评”则更多的是对此举动或事件所引发的不良后果的假设。批评的根本目的在于激励，而只有让当事人认识到此行为或举动所引发的不良后果后，才能真正引起对方重视，才能使其改变错误行为。

第三，以鼓励和支持的语言结尾。

在批评结束后，再给予鼓励和支持，表达相信当事人能够改正不正确行为，以肯定对方改正错误的决心和勇气。

Tips：

▼从真诚的赞美和肯定开始，引出话题。

▼批评，但不要只“批”不“评”。

▼以鼓励和支持的语言结尾。

试试“假设性”指责

当你认为很重要的事情，对方却觉得根本不值一提；当你反复叮嘱，对方却完全不在意重要细节；当你不停地劝说注意事项，对方却不以为然时……遇到这些情况，贸然批评、指责对方，常会引起对方的反感，反而更听不进去。可是又必须让对方听进去，该怎样说服他重视起来呢？

只有重视，才会关注，只有他觉得真的重要，才会去认真对待，一丝不苟地执行。只有明确利害关系，对方才会在执行中认真注意应注意事项。

面对这些情况，“假设性”指责是一种比较适宜的沟通方式。

【小短剧】

整个医院都知道，护士小芳是个认真、热心肠的好姑娘。可是最近因为追热播剧《琅琊榜》的原因，她总是睡得很晚。由于睡眠不足，她在第二天上班时总是一副没精打采、憔悴不堪的模样。

一天，护士长李敏终于忍不住把她叫到办公室。

“小芳，听说你最近在追《琅琊榜》，每天都睡很晚吗？”李敏问。

“嗯，晚上闲着没事干……”小芳不好意思地说。

“看你的黑眼圈，我注意到有好几天都这样了。再这样下去，我很担心……”

“不会影响工作的，您看我从没出过错！”小芳抢答道。

“我知道你是个工作认真努力的人，也相信你在工作上不会大意。但你知道，若晚上总是休息不好，过不了多久就会出现导致思考能力下降、头昏脑涨、注意力无法集中等一系列问题，这些可都是会影响到工作啊！”

李敏顿了顿，接着说：“2013年北京有个医疗事件，当时闹得很大。一个患者在被更换输液瓶时，突然发病死亡。后来，家属发现挂在他身上的输液瓶，上面竟然标注的是另一个患者的名字。事发后，科室护士长和主治医生都确认是因护士疏忽，用错药了。虽然后来院方和患者家属达成私下协议，但患者的宝贵生命和护士的个人前途都毁了。”

“哇！这么严重啊！”小芳惊讶道。

“是啊，这对我们来说真的是血的教训！你想想，你若继续睡眠不足、精神不济，哪天不小心给病人拿错了药，那后果可就太严重了！你还这么年轻，可不要让自己毁在追剧上啊！”

“好的，想想都后怕！我今晚起一定早点睡，坚决不让自己马虎出错！”小芳郑重地说。

【剧析】

护士长李敏在看到小芳憔悴不堪后，本是要警告护士小芳不要熬夜追剧，以免引起工作失误。但显然，这样平常的陈述方式并不能引起小芳的足够重视。“不会影响工作……”从这话里可以看出，小芳觉得熬夜追剧不会影响到工作，不是什么大事，好像也没有要改正的意思。

但是在李敏用“假设性”指责后，小芳便立刻明白了这样的危害性，并做出了郑重承诺。

李敏先是陈述了长期睡眠不足对身体造成的严重伤害，强调了“会导致思考能力下降、头昏脑涨、注意力不集中”等和工作状态紧密联系的后果。接着，她讲出 2013 年北京一个因护士疏忽给病人换错药而导致患者死亡的案例。这个案例的很多方面都是和小芳工作相似的，具有较强的参考价值。然后，她假设小芳若继续睡眠不足，可能引发的不良后果，“不小心给病人拿错了药……后果太严重了”。

有开头所讲长期睡眠不足给身体造成的巨大伤害比照在前，又有真实的案例带来的严重后果冲击，小芳立刻明白了熬夜的危害性，做出承诺就不足为奇了。

【引剧论法】

只有引起对方足够重视，你才能说服他认真对待你认为重要的事情。而“假设性”指责，是一种行之有效的方法。

“假设性”指责，就是通过假设对方不按照你所叮嘱的进行时，将所引发的不良后果告知对方，让对方通过对不良后果的忌惮而正视自身错误并改正，以达到预期目的。

在使用“假设性”指责时，可通过以下步骤展开。

第一，先讲明注意事项。

在“假设性”指责前，先陈述注意事项，以引起对方注意。注意事项务必保证准确、完整。

第二，接着，假设不这样做会引发的后果，突出危害性。

再假设不这样进行可能会引发的事件，事件所带来的严重后果。此时陈述应突出危害性，最好举出真实案例，鲜活、生动、真实的案例，这样听者才会有代入感，印象自然更加深刻。

第三，在假设时，不妨提问对方，会有何后果产生。这时，听者自然会专心到叮嘱事件的思考中，对所能引起的不良后果清晰明了，自然就会防患于未然了。

第四，让对方复述注意事项。

通过“假设性”指责让对方对不良后果产生忌惮，通过让对方复述注意事项，让对方牢记在心。在对方复述注意事项时，应确保细节的完整、准确。

如此，在引起对方的足够重视后，你所认为的重要事项也会让对方感到重要，且不会引起对方的消极情绪。

Tips:

▼先讲明应注意事项。

▼再假设不这样做会引发的后果，突出危害性。

▼让对方复述注意事项。

批评之后快速转移话题

不管是工作还是生活，批评在所难免。某种程度上说，批评甚至也是一种有效的激励方式。但是，对于过分敏感型或正处于情绪低谷期的人来说，面对批评，除了认识到自身不足外，他们有时常会放大错误的危害性或者陷入深深的自责和不安中。而陷入不良情绪，不管是对工作还是对生活，都是极为不利的。

这时，可以尝试批评之后迅速转移话题，使对方的注意力从消极情绪中转移出来，以避免引发不良后果。

【小短剧】

“小赵你看看，这几个月我们的业绩明显比B组低很多……”销售部A组总监冯云指着最新的业绩报告对经理赵靖说，“为什么会出现这种情况？”

“不好意思冯总，听说B组新开发了两条销售渠道，所以……”赵靖回答道。

“那咱们组呢？除了常规的经销商渠道，有没有新的突破？”冯云问。

“月初就让他们寻找了，但是现在还没有合适的开发出来。”

“让他们寻找就够了？你呢？你作为经理，是不是应该在渠道选择上更下些功夫才好呢？”冯云看了眼赵靖，接着说，“A组是在销售渠道上下功夫了，所以营业额提高得很快。但我们也不能只盯着对方的路子走啊，我看咱们在促销模式上也该创新一下了。前几天听说同行H公司的促销搞得很好，我找人把他们的促销方案拿来，你回去和组员们研究下怎么借鉴借鉴。”

“好的，冯总。”赵靖一脸惭愧，脸都憋红了。

赵靖升任经理岗位已经三个多月时间了，人常说“新官上任三把火”，可他的这把火好像到现在还没点着。听说他这段时间也在努力找突破，每晚都是最后一个离开公司的，但也许是经验不足，也许是方法不对，目前尚未找到突破。

看着赵靖涨红的脸，冯云虽然愤怒又有点不忍心，现在还是激励为主吧，毕竟他确实努力了。

“来，喝茶。”冯云递给赵靖一杯茶，转了个话题笑着说，“听说你儿子考上了外国语中学，真给你们父母长脸啊，我儿子要是有你儿子的一半，我就乐开花了。这方面还是得请教请教你，怎么教出这么个有出息的儿子？”

“我觉得不用让孩子上什么乱七八糟的补习班、培训班，孩子闲暇时间都没有了，还弄得疲倦不堪……”说到儿子，赵靖顿时打开了话匣子，没有了刚刚的局促不安，开始大谈他的育儿经。

【剧析】

总监冯云因为团队业绩不佳批评新上任经理赵靖，同时提出方案供赵靖借鉴。当时前半段谈话较为严肃，有批评也有建议，总体来讲比较严厉。

而赵靖是新官上任，面对新工作、新挑战本来就压力大，再加上领导的责问，心里肯定感觉更不好受。在这种情况下，倘若沟通方式不当，很可能会引起赵靖的消极情绪。销售经理带着消极情绪工作，对工作也是非常不利的。

在案例中，冯云并没有让这种消极情绪持续，而是点到为止，适时转移话题。

她看到赵靖惭愧的脸都憋红后，立即转变话题，以赵靖儿子考上重点中学为话题，将沟通内容从原本严肃、沉重的业绩突破问题上，引到赵靖引以为豪的育儿经上。这样的转变，表面上是话题间的转变，实际上却是从赵靖惭愧点到骄傲点的转变，这样就能把赵靖从低落情绪迅速拉回。

通过这样的话题转变，改变了两人原本沉重、消极的紧张沟通，挽回了赵靖的面子，为他接下来的继续积极工作奠定了基础。

【引剧论法】

批评之后，当对方出现不安等消极情绪时，及时转移话题，保护对方的自尊心，以避免不利情况出现。在转移话题时，应注意以下要点。

第一，在对方已表现出羞愧、不安时，应及时转移话题。

人们常说沟通时要“看脸色”，这主要是说我们及时关注对方的心理动态，因为人的表情是最能表示人心理动态的，所以看好脸色，以避免引起不必要的后果显得很重要。在批评完对方后，对方已表现出羞愧、不安的时候，说明对方已经认识到了自己的错误，并且对错误感到不安，这已经达到了批评的目的。这时，转移话题是为了避免对方在羞愧、不安的消极情绪中持续太久，因消极情绪对工作和正常生活都是不利的。

第二，话题最好从对方做得好的、感兴趣的地方开始。

从对方做得好的地方开始，表示对对方的认可和肯定，容易激起对方的自豪感。而自己感兴趣的话题，容易调动对方的积极情绪。这两种题材，旨在调动对方的积极情绪，让对方重新回归对自我信任、认可的心理上。

第三，以提问式引起对方陈述他感兴趣的事情。

事实表明，在沟通中，提问的方式更能引起对方的关注和参与。而且开放式提问，容易让对方有参与感，能迅速投入沟通环境里。当对方就他感兴趣的事情展开时，他的积极情绪自然就替代了消极情绪，这样沟通就能够进入较好的氛围。

Tips：

▼在对方已表现出羞愧、不安时，应及时转移话题。

▼话题最好从对方做得好的、感兴趣的地方开始。

▼以提问式引起对方讲述他感兴趣的事情。

把批评变成一种知识传授

大多数情况下，人们批评对方是为了激励对方。但当被批评者对这种激励表现出反感、抵触、不理解等消极情绪时，试试把批评变成一种“知识传授”。

把批评变成一种知识传授，由单纯的指出错误、责令修改变成了指出错误、指引正确路径，将原本对立的双方统一在一条战线上，使之为一个共同目标即如何改正错误而一起努力。“没有人会拒绝来自战友的合理建议”，当双方为一个共同目标而沟通时，其效果自然更佳。

【小短剧】

技术经理老王是一个工作细致、技术精良的人，对工作很严格。他带的三个徒弟中，小刘是个性子比较急，又有些马虎的人。

“小刘，你这个钉子钉的方向不对吧？”老王拍了一下正在上螺丝的小刘。

“师傅，您昨天示范过，就是这样钉的啊！”

“来，我再给你钉一下看看。”

老王说着，就接过钉锤示范给小刘看。

“哦，就是偏左了一点点嘛，我以为什么大问题呢！”小刘吐吐舌头。

“不是什么大问题？小刘，在你眼里这是偏离了一点点，而在我看来已经偏离了16度角。一颗钉子偏离16度，好像问题不大。但这个底板总共22颗钉子，若每个钉子都偏差一些，底板的水平面就会大幅倾斜，就没法和水平台紧密衔接。那么，这样的产品且不说出厂被鉴定为不合格产品的概率多高，操作引发危险的可能性就非常大。对用户人身安全都构成威胁了，你觉得还不是大问题吗？“老王严肃地问。

“对不起师傅，是我大意了。”小刘不安起来。

“不过，你不要太紧张，以后注意不要再犯类似的错误就是了。我年轻时也忽略过细节，一次次失误积累下来，才明白在细节上是坚决不能出错的。细节决定成败，尤其是对我们做技术的人来说。怎么才做到不出错呢？就是要准确掌握细节要领！而掌握细节，就两个词：心虚、眼明。心虚，就是要有空杯心理，不要想着自己有什么基础，或者看过别人做什么而自满，学习就是真心实意、每一个环节都去跟人讨教。眼明，是说不要放过任何细微动作，一遍不成，请对方再教一遍，以确保看到的和记住的是完整的、准确的全过程。知道该怎么做了吧？”

“谢谢师傅，以前就是知道自己有马虎的毛病，但不知道问题在哪儿。经您这么一说，我不但知道问题在哪儿，还学会了怎么去解决它。太感谢您了！”小刘感激地说。

【剧析】

小刘是个马虎的人，即便是在老王示范后，他也并不觉得自己的错误是个大问题。于是老王较为严厉地批评了他，并将假设的恶劣后果展开，以引起他的注意。

在老王讲到“对用户人身安全都构成威胁”后，小刘就变得紧张不安起来。他可能是担心自己不能胜任这么细致的工作，也可能是害怕承担由于细节操作不当所造成的恶劣后果。而不管是哪种原因导致的不安感，都可能使小刘对以后的工作产生恐惧心理，若不改变很可能也会影响未来工作的执行。

老王很善于察言观色，当他看出小刘的不安后，紧接着就讲授起了如何掌握细节的要领。他从自身工作积累展开，论述了细节对于做技术人员的重要性，同时就如何把握细节要领也一一道来。这样下来，小刘既能懂得了细节的重要性，又能掌握如何把握细节的要领。所以，小刘恐惧减少，变不安为感激了。

这个案例中，老王的批评取得了明显效果，关键是他运用了“把批评变成一种知识传授”的方法。通过传授自己关于细节要领的把握，把批评变成了一种知识传授，让小刘不仅能够认识到错误所在，而且还掌握了新知识，使小刘由被批评产生的不安转变为有信心做好工作，最后老王受到小刘的感激也就不足为奇了。

【引剧论法】

把批评变成一种知识传授，在激励对方改进时，效果比单纯的批评好很多。一方面，对方不会因为你的指责而产生自卑、抵触等消极情绪，另一方面，对方同时掌握了新知识，避免再次出现类似错误所带来的损失。

把批评变成一种知识传授，可以从以下几个步骤入手：

第一，先指出对方的错误。

先指出错误，让对方意识到错误所在。只有发现错误，才能调动寻找正确解决方法的注意力。在指出对方的错误时，务必理智对待，做到对事不对人。

第二，再讲解如何正确操作、执行。

当对方意识到错误后，再开始讲解如何正确操作、执行。讲解过程中，注意语言准确、要点清晰、过程完整，注意事项可以侧重展开。

第三，最后，请确认对方是否真正掌握。

讲解完正确操作、执行后，确认对方是否完全理解，若有不懂之处，尽可能针对具体问题再次阐述，直到对方完全掌握。

Tips：

▼先指出错误。

▼再讲解如何正确操作、执行。

▼最后确认对方是否掌握。

不表态也是一种拒绝

对大部分人来说，当面对别人的不合理请求时，即便知道是超出自己能力范围、职责范围的，还是会感到不忍拒绝、不好意思拒绝、不知道怎么拒绝。不愿意拒绝别人的背后，是希望与人为善的心理。但不拒绝对方，又会给自己带来一系列不必要的麻烦。

那么，如何拒绝对方的不合理请求，却不伤害彼此感情呢？

其实，很多时候，不表态也是一种拒绝方式。

【小短剧】

“小娟，忙完没？你帮我看看这个方案怎么样。”策划专员刘丹拿着文稿向设计专员杜鹃走过来。

“啊，怎么了，这是做什么的？”杜鹃迷惑地问。

“就是亚新湾那个案子啊，你上次做的那个广场设计不错，经理让做个策划方案出来，端午节搞活动呢。”刘丹解释道，“亲爱的，都说部门里你最有才，你帮我看看这样写合适不？”

杜鹃看着一脸期盼的刘丹，本要立即发表意见。但想起来入职前爸爸叮嘱：初到公司，不要乱发表意见，不要越俎代庖……而这次的亚新湾方案，听说难度挺大的，刘丹上周提交的方案就被退回来了。而他们经理，是个工作严谨的人，非常重视工作的保密性，曾一再强调过不要随意介入别人的工作，据说去年就因为这个问题辞退了一个员工。

杜鹃顺带喝了口水，笑道："别那样说，我看策划还是你最在行。经理让你做，说明他看好你的思路和文笔，他觉得你能够写出好的策划，你还担心什么。远的不说，就你上月做的"美好时光"、"汇金百货"可都是获得称赞无数的，刘丹出品，品质保证哦！"

"哪儿有那么好……"

"别担心了，你是最棒的，我相信你做的一定是让人最满意的！"

"你真的这么想啊？"

"当然了，估计咱们部门的人都是这么想的。别不自信了，加油！"

【剧析】

当刘丹想要自己帮忙看策划方案是否可行时，杜鹃第一反应是想接受的。但是想到爸爸的叮嘱"不要越俎代庖"，再联想到被求助的具体内容，她犹豫了。

因为她知道，在一个重视工作保密性的部门，盲目表态，将面临巨大的风险。而之前就有过先例，"去年就因为这个问题辞退了一个员工"。况且，刘丹这个策划方案难度又比较大，在她已经被退回一次方案的前提下，第二次提交再被退回的话，跟经理说杜鹃给的建议的可能性非常大。而若杜鹃在经理心目中留下"越俎代庖"、不遵守保密性的不良印象后，未来的职场合作估计就没那么顺利了。

但同在一个部门，又被冠以"都说部门里你最有才"的高帽，面对刘丹的殷切期望，她直接拒绝不但会让刘丹失望外，还可能会坏了两人的关系。如何拒绝又不让对方感觉受到伤害呢？杜鹃聪明地选择了"不表态"的拒绝。

所以对于刘丹的求助，她先是肯定了刘丹的能力，从主观感受和客观案例两个方面，说明刘丹自己才是做这个事情的最佳人选。接着，鼓励刘丹，一再强调相信她有成功的经验，这次也必定能够做出让人满意的方案。她没有针对刘丹请求的具体内容表态，但也没有让刘丹感觉她的拒绝。到最后，从一开始的请求，变成了对对方能力的认可，整个沟通偏离预期，但却不会让人觉得突兀和尴尬。

【引剧论法】

不表态的拒绝，是一种拒绝的艺术，它强调在不伤害彼此面子的情况下，将对方强加给自己的任务不动声色还给对方。在使用时，应注意以下几点。

第一，不要直接拒绝对方的请求。

直接拒绝即直接驳对方面子，容易让对方感觉他或她在自己心目中说话完全没有分量，是对他或她的直接否定。马斯洛需求层次指出，人人都有被尊重的需要，都希望得到别人尊重、信赖和高度评价。对于不符合人性需求的直接拒绝，就很可能会引发意料不到的不良后果。

因此，在确定对方请求已超出自己能力范围、职责范围后，虽然知道应该拒绝，但也不要直接拒绝。

第二，把执行权还给对方。

在确定应该拒绝后，不要针对所请求内容展开，而就事件的执行者展开讨论。可以从个人主观感受和客观条件两个方面阐述：讲明个人主观看法，让对方觉得这件事你是替他仔细考虑过的；而对客观条件的阐述，更能确定你的个人看法是有客观条件支持，增强了你的思考的厚度。

第三，鼓励对方，相信对方自己能够处理好。

当阐明执行权不在你而在对方之后，最后鼓励对方，相信对方自己就能处理好。这样，虽然并没有对具体内容表态，但也不会让对方觉得你拒绝了他，而是信任、肯定他。

由被否定、被质疑的感觉，变为被信任、被肯定，被拒绝的他翻脸的可能性就会小很多了。

Tips：

▼不要直接拒绝对方的请求。

▼把决定权还给对方。

▼鼓励对方，相信他能够自己处理好。

难得糊涂，装不懂拒绝

俗话说，“不懂装懂是聪明，懂装不懂真智慧”。

当面对不适合自己参与的事情，又不好当面拒绝时，可以试试“装不懂拒绝”。

难得糊涂，装不懂拒绝，是通过降低对方期望值的方法，让对方自己认为你无法胜任他的提议。因为通常情况下，人们会认为对某方面知识欠缺或不懂的人，在解决问题时，是很难取得预期效果。连对方都觉得你做不好时，这个请求本身也就不成立了。

难得糊涂，装不懂拒绝，让对方自动收回请求却觉得理所当然，让问题随屈就伸地解决于无形中。

【小短剧】

一大早，李丽就被电话吵醒。

“阿丽，你要帮我评评理啊！”电话那头小敏嚷嚷道。

“怎么了？发生了什么大事啊，要来惊扰我的清梦。”

“你说赵兰什么意思吧，她就是喜欢和我过不去！她跑去段鹏辉那儿，说我们当时合伙的事业都是我自私自利，不考虑大局，才造成今天散伙儿的局面。你说她怎么这么过分！要不是她，我现在生意还做得红红火火呢！你今天周末休息，和我去找她评评理吧！”

李丽想起来了，小敏和赵兰合伙失败的事儿，前一段时间在朋友圈中闹得沸沸扬扬。据说她俩共同出资经营一个少儿娱乐项目，刚开始做得好好的，没过多久就散伙不做了。听说是两人闹了矛盾，当时请了几个共同的朋友做过调解，而李丽那时正在国外度假。

想到这儿，李丽不禁皱起了眉头。小敏和赵兰都是自己的好朋友，且不论孰是孰非，若和小敏同去，估计赵兰不自觉就会认为自己是小敏一头的。而无论得罪哪一头，都不是李丽愿意的。朋友们都调解过还解决不了的矛盾，自己能解决好吗？

但若直接拒绝正在气头上的小敏，应该也不是明智的做法。

李丽打了个哈欠，道：“小敏，事情都过去那么久了，我都忘了你们发生了什么。说起评理，我上周在公司还评过，结果让人哭笑不得！本来是被我们财务部小李带去评理的，结果最后得出的结论却是人事部小张更有理。回办公室后，被小李一通臭埋怨啊！”

“啊？为什么？”

“我这人心善你知道的，只要对方有理又哭两下，我就立即丧失立场了啊……经过这出，我觉得我对调解是完全不懂。”

“哦！那算了，我还是找别人吧。”

【剧析】

一大早，李丽就接到朋友小敏的电话，是请她评理的。而要她评论的关于小敏和赵兰的矛盾，又是已经经朋友们调解过的。经调解过又再次产生矛盾，说明这个问题没那么简单。所以，李丽问自己“朋友们都调解过还解决不了的矛盾，自己能解决好吗？”

对李丽来说，小敏和赵兰都是自己的朋友，也都是自己不想得罪的朋友。不管是答应了小敏，一同去质问赵兰，还是直接拒绝小敏，告诉她自己不能来评这个理，她都会得罪其中一个。所以，这个问题，李丽不得不慎重考虑。

在深思熟虑后，李丽告诉小敏觉得自己不懂调解，并且举出实际案例说明。在阐述案例时，她突出强调因不懂弄得让人哭笑不得的结果，也是在提醒小敏，如果自己和小敏同去，可能会因赵兰的一顿哭诉而评判赵兰有理。而这样的评理结果，是小敏不能接受的。她没有直接说自己不能胜任这个任务，转而突出强调自己不懂和因不懂造成的尴尬。而这种尴尬的结局，很明显，小敏也不能接受。

所以，当李丽举例说明自己不懂后，小敏赶紧接话“我还是找别人吧”，自然化解了李丽的担心。

【引剧论法】

难得糊涂，装不懂拒绝，让对方觉得你不能胜任而不是你在拒绝他，既不为难自己，又能维护对方的面子，不失和气，是一种行之有效的拒绝方式。

在运用此技巧时，应注意以下几点。

第一，对对方的提议先不要表态。

对于对方的提议，即便已经确定不适合做，也不要立即拒绝。先不表态，才不会让对方产生抵触心理，对于接下来的不懂，才能够理解和接受。但若一开始就直接拒绝，在拒绝的基调下，任何的说辞都会让对方认为是你刻意铺垫，就不容易引起对方的共鸣了。

第二，说明自己的不懂。

针对对方的提议要项，说明自己由于客观或主观上问题所导致的不懂，且此不懂不能在短时间内解决。

第三，强调因不懂可能引发的后果。

强调因不懂可能引发的后果，说明你不是个合格的人选，可以通过具体案例说明，也可以通过“假设性指责”说明。当对方明白因不懂会造成不可估量的后果、不能达到预期目的时，会自动认为你不是合适人选，自然会主动放弃。这时，对方不会觉得是你拒绝了他，而是他否定了你。

Tips：

▼对对方的提议先不表态。

▼说明自己的不懂。

▼强调因不懂可能引发的后果。

玩笑之间说出“不”

直接批评、拒绝或反驳对方时，对方不一定能听进去，反而可能会感到受到伤害或情绪低落，沟通氛围就可能会变得严肃、紧张。这样的沟通效果，对解决问题帮助不大，甚至结果可能是适得其反。

而在越来越快的生活节奏、越来越重的压力下，娱乐精神已经慢慢成为了一种全民文化。在沟通中加入玩笑话，符合当代人的心理需求，也被越来越多地运用到具体沟通中。

为避免批评中常出现的严肃、紧张氛围，可以试试玩笑之间说出“不”。

玩笑之间说“不”，就是利用人们喜闻乐见的娱乐精神，在较为轻松愉悦的玩笑氛围中，表达自己的不同观点，让对方明白自己的意思而不会产生抵触心理。

【小短剧】

“哥，你忙吗？”栋栋在写工作日志时，弟弟小乐推门进来。

“还好，怎么了？”

“借我点钱呗。我英雄联盟要找代练升级，要不然我们班我就排最后一名了。你知道的，爸妈每月给的生活费，每月勉强够用……”小乐不好意思地解释。

小乐今年高三，临近高考却还是沉迷游戏，学校老师找家里反映过几次，爸爸妈妈骂过他好几次了。在这个问题上，栋栋知道肯定不能帮小乐的，不说爸妈那儿通不过，就是他自己也知道这样做会害了弟弟。

可是小乐很少向自己开口要钱，在明知道可能会受到拒绝的情况下，还鼓足了勇气向哥哥求助，可见对他这个哥哥的期望值还是挺高的。

栋栋想了想，挠挠头说：“老弟啊，你这真是给我出难题呢！我要是敢给你钱，咱爸妈不把我杀了也要把我撵出去吧。你好意思看你哥快而立之年被爹妈赶出家门，然后居无定所、风吹雨打、无依无靠、老死街头，你未来的嫂子会怎么想，你遥远的将来的侄子、侄女们可咋办呢？你可不能为了游戏，连老哥我的前途都不管，连你侄子、侄女都不顾了啊！”

听栋栋这么说完，小乐忍不住大笑起来：“哥你也太觅了，从你现在的面相来看，日后肯定是个妻管严。”

“你还敢笑话我，你哥我才是真正的可怜人啊，那么点工资还不够给你泡个嫂子回来的，要不你勒一下裤腰带，接济哥一点约会经费。”

“可别，别说勒一下，把我勒死也勒不出钱来。哥我真服了你了，没借到钱还差点把我搭进去了。算了，我还是快点闪人吧。”说着，小乐跑出了房门，然后客厅就传来了一声调侃声。

“妈——你太抠了，不给我钱也就算了，对我哥也抠。哥没钱泡妞，泡不来嫂子，可要成老光棍了。哈哈哈……”

一片欢声笑语中，游戏代练的事情就搞定了。

【剧析】

弟弟在遇到解决不了的问题时，去向哥哥求助，是生活中常有的事。哥哥能否给弟弟的求助一个满意的答复，很可能会决定哥哥在弟弟心目中的地位，继而影响两人的相处。

这个短剧里，作为哥哥的栋栋也遇到了来自弟弟的求助，但是求助的内容却让人大跌眼镜：临近高考却还是个游戏迷，被老师和家长反复劝说和批评后仍不改正，竟然还要找哥哥借钱玩游戏……这个举动本身就足以让人再批评一顿了。

所以面对弟弟这个请求，栋栋肯定是要拒绝的。

但正如文章中所讲，“可见对他这个哥哥的期望值还是挺高的”，对高期望值的人直接拒绝，一定会让对方非常伤心。看得出来，栋栋和弟弟相处不错，而且也是希望能维护好和弟弟的关系。

因此，文中栋栋聪明地采用了开玩笑的方式说出“不”，拒绝了弟弟却并没有伤害兄弟感情，达到了很好的效果。

他以开玩笑的方式，把现实中爸爸妈妈可能的责备夸大，夸大到影响自己人生前途，影响自己择偶，以至于影响到未来的孩子们。这些玩笑话将原本可能剑拔弩张、不可收拾的拒绝，变成让弟弟忍不住大笑起来。加之哥哥即将而立却还没有成家，约会需要金钱也让弟弟觉得可以理解，不但不再提借钱的事，反而向妈妈开玩笑似的征讨，替哥哥讨要恋爱经费。

就这样，玩笑之间说出“不,”非但没有破坏兄弟间的感情，反而让弟弟大笑不止，给兄弟间带来一阵娱乐。

【引剧论法】

开玩笑之间说出“不”是化解拒绝的尴尬的有效手段，它将原本观点互相对抗的两人迅速拉近，为同一个笑点聚焦，在轻松愉快的氛围中达到预期的沟通目的。在使用开玩笑之间说出“不”的方法时，应注意以下几点。

第一，找好过渡点。

即在自己观点和对方观点中寻找关键点，作为玩笑话的过渡点，以引出玩笑，表达自己的意思。可以在对方的话中找到过渡点，也可就对方说话内容引申到你所要表达的意思中寻找过渡点。

第二，切换玩笑话表明观点。

找好过渡点后，可以通过夸张、反讽等幽默方式表现出荒谬、荒唐或出人意料的事例，展开你所支持的观点。玩笑话应设计明显笑点，笑点要符合大众观念、简单易懂，切忌太过真实、复杂。

同时应注意，玩笑话所表达的内容应和你的观点一致，是为你的“不”做的铺垫。玩笑素材可以从网站、文学作品中提取，但要适当加工以符合现场需要。

第三，自然说出“不”。

在玩笑话所打造的轻松氛围下，便可以自然地对对方说“不”表明你的观点和立场。

Tips：

▼找好过渡点。

▼切换玩笑话表明观点。

▼自然说出“不”。

旁敲侧击，批在暗处

一般情况下，人们更愿意接受自己发现的问题，而不是被他人指出自己的问题。旁敲侧击、批在暗处的方法旨在维护对方面子，以温柔的、润物细无声的方式，突出问题所在。当对方觉得是自己认识到了不足，就更愿意去改正不足，从而达到解决问题的目的。

旁敲侧击、批在暗处，一般适用于对方就问题本身有足够的判断力，而又需要给对方面子的情况。

【小短剧】

“还没忙完呢？喝杯茶吧。”妻子小月端着一杯茶走来。

“好吧。”李磊放下工作，拿起杯子，抿了一口问，“怎么味道怪怪的，这是什么茶？”

“这个啊，是参茶。”

“参茶？怎么想起来喝这个茶了，我觉得喝普洱很好啊，我们不是一直喝的普洱吗，为什么要换呢？”李磊皱眉问。

“据说人参最补气，而经常熬夜的人身体里气是失调的。长期气失调的人会感觉力不从心、发困、易烦躁……我看你现在就有这样的症状！喝参茶最补气，前几天买茶时碰到了个大姐告诉我的。她说常喝这个茶能快速补充人体精气，减少困倦和烦躁，尤其适合熬夜的人。她儿子有一段时间就是熬夜比较多，状态特别不好，喝了一段时间参茶才慢慢好点了。”

“我的状态有那么不好？”

“嗯，你太专注工作了，自己都没注意到！你看你现在哪儿有时间和我说话，和女儿聊天。早上起来没说两句话就匆匆忙忙上班了，回来吃完饭就在书房忙工作，一直忙到深夜，我有时都不知道你几点睡觉的。前几天女儿还问我，‘爸爸是不是不爱我了’，我说不是的，爸爸每天要熬夜，他只是太忙、太累了，顾不上。”

“唉，看来真是我忽略了！不好意思，这个项目厂家要求得比较急，原本只想着赶一赶就可以早点结束。是我不对，我没有处理好工作和生活，让你们担心了。我保证，从今晚起不再熬夜，工作也尽量在上班时间做，少熬夜，不能为了赶工而得不偿失。”

“好！那先把参茶喝了吧。”小月高兴地说。

【剧析】

剧中丈夫李磊持续熬夜，以至于无暇照顾家庭生活，没时间和妻子、女儿沟通，甚至让女儿产生“爸爸是不是不爱我了”的疑问。

妻子小月面对这种情况，并没有直接批评丈夫，而是通过旁敲侧击的方法，让丈夫认识到这个问题。她从一杯参茶开始，和丈夫聊起参茶补气的常识，从而引出熬夜引发的不良反应。随后引用女儿质疑的问话，强调丈夫由于熬夜引发困倦、精力不济而无暇顾及家人的事实。

小月今晚的一番沟通，意在批评丈夫持续熬夜。但是她采用了旁敲侧击、批在暗处的委婉的批评方法，一方面能让丈夫感受到自己的关心和体贴，另一方面避免了直接批评而引发的抵触心理。所以很快，李磊就意识到了熬夜给自己、给家庭带来的不利，深感愧疚，并保证“从今晚起不再熬夜”。

家庭的不和，多是语言沟通不畅所造成的。而家庭沟通的问题，更多的是沟通方式的问题，而不是沟通内容。采用温柔的、不苛责的方式，照顾对方的自尊，让对方感受到被尊重、被关爱，则很多问题就都不是问题了。

这个案例中，小月没有一句“你不该忙工作”，就是运用旁敲侧击的表达方式，照顾到丈夫的自尊，让丈夫感受到被尊重、被关爱的基础上，完美地解决了丈夫持续熬夜的问题。

【引剧论法】

旁敲侧击、批在暗处，在保全对方面子的情况下，让对方自己认识到问题所在，比直接批评让对方改正效果更佳。在使用此方法时，应注意以下几点。

第一，要考虑对方的感受。

即在沟通时，要考虑到哪些因素是对方比较反感的，哪些内容是对方喜闻乐见的，哪些话语可能会引起对方抵触，哪些措辞对方比较容易接受。提前考虑这些因素，可以在接下来的旁敲侧击时，有效使用有利于观点表达的案例、词汇，同时避免一语不慎、满盘皆输的局面。

第二，旁征博引表达一个观点。

在旁敲侧击时，注意所表达的观点是一致的，而不是完全发散性思维，让对方摸不着头脑。务必确保所有的观点表达都是围绕一个主题进行，就像大树的侧枝和主干，侧枝虽多，但都是和主干紧密相系，这样才能让对方准确捕捉你想要表达的信息。

第三，含蓄而不露骨。

即在整个沟通过程中，秉承“贵在含蓄、忌在露骨”的理念，追求以润物细无声的方式，让对方理解你的体谅并认识到自身的不足。此时的含蓄更多体现的是一种态度，一种体谅对方、尊重对方的态度。带着这种态度与人沟通，对方自然会产生好感，而“爱屋及乌”对于有好感的人的观点，对方接受的可能性就大多了。

Tips：

▼照顾对方的感受。

▼旁征博引表达一个观点。

▼含蓄而不露骨。

正话反说，有情反驳

正话反说，就是在表达意思时，不从人们认为理所当然的一面说起，而是用相反的意思来表达本意。

正话反说用表面否定实际肯定、表面肯定实际否定的表达方式表情达意，由于其表达的创新性、离奇性，符合当代人娱乐精神的需要，常使人忍俊不禁，能达到耐人寻味、颔首称道的效果。

正话反说，有情反驳，适用于不方便直接反驳时，利用反话表达不同意见或见解，让对方在谈笑间认识到问题所在，表达含蓄而寓意深刻。它以遁于无形的方式，将反驳之意表达，却不会让对方因直接批评的“棱角”而受到伤害，让对方在感慨中掌握要领，从而达到良好的沟通效果。

【小短剧】

晓玲和萌萌是同事，两人趁端午放假一起报了个旅行团旅游。她们提前和旅行社沟通好，给二人安排了一个房间。

但是一大早，晓玲起床洗漱完毕还不见萌萌起床，就又下楼买回早餐。但早餐买好后，还不见萌萌有动静，看看时间不早了，她忍不住赶紧叫醒了萌萌。

“萌萌，你怎么这么困啊，都快八点了还不醒，我们九点钟就要集合呢！”

“哦，好吧，我现在就起。”说着，萌萌不情愿地起身。

“怎么了你这是？我早上起来洗脸刷牙都没吵醒你，把早餐都买回来了你也还不醒。是做什么美梦了吗？睡得这么好啊！”

“嗯，睡得挺好的，这一觉感觉很有收获！迷迷糊糊听你和你妈妈聊家里事，对你家里有了比较全面的了解；听你和妹妹聊天，才知道原来“00后”也已经长大，即将把我们这些前浪拍在沙滩上了；听你和你男朋友聊他公司让人沉闷的企业文化，我才知道我们公司多么人性化……在睡觉过程中，能同时掌握关于居家、“00后”和别的公司企业文化问题，感觉就是上了一堂免费的培训课啊！值了！”萌萌笑道。

“真对不住啊！萌萌，我今晚一定不再吵到你了。”晓玲一脸歉意地说。

“哈哈，别那么紧张。你只要保证今晚不再给我开设培训课堂，我就请你吃大餐！这种培训课我还可以继续上的，只是昨晚课程信息量太大，我要好好消化消化。”

“讨厌。”

二人笑作一团。

【剧析】

晚上被打搅得睡不好，任谁也不开心。这不开心若发泄到对方身上，对结伴旅游的人来说，估计整个旅途都会变得不那么愉快了。

所以，当萌萌晚上迷迷糊糊被同伴各种电话吵醒后，并没有立即发飙，也没有在第二天早上醒来后责备对方。而是以正话反说的方式，通过说感谢对方给自己安排了这么丰富的学习，“感觉是上了一堂免费的培训课”的话语，表达因对方不断接听电话打搅了自己睡眠的事实，从而有情反驳对方认为自己睡得很好的错误观点。正话反说，实则表达完全不同的意见。

听到萌萌详细地说起晚上自己接电话的内容，同伴立即就意识到了自己的失误，知道是自己不断的电话声影响了萌萌的睡眠。当她道歉和保证不再打搅萌萌睡觉时，萌萌又继续上面正话反说的比喻，感慨昨晚信息量太大，要好好消化。这样的表达明褒实贬、欲抑先扬又妙趣横生，让人忍俊不禁，又感慨万千。

于是，就在这貌似玩笑话间，两人愉快地达成了约定，确定了一个高质量睡眠的夜晚，也为接下来的旅途愉快奠定基础。

【引剧论法】

正话反说、有情反驳，以反话形式表情达意，往往能收到比讲“正话”更好的效果。

在使用正话反说时，应注意以下几点。

第一，注意沟通对象。

正话反说因其表达方式的特殊性，在沟通时，应该注意沟通对象的相关要素。一方面，应注意沟通对象的知识水平和社会阅历，另一方面应注意沟通对象的身份。

要注意沟通对象的知识水平和社会阅历，是因为反语所表达的往往不是字面上的意思，而不具备相应的知识水平或社会阅历，对方可能就会认为你所说的意思就是字面上的意思。如果他按字面上的意思去理解的话，就会造成大相径庭的效果。因此，想要对方能准确捕捉到你所表达的意思，正话反说务必确保对方能够理解你所说的反语。

要注意沟通对象的身份，因为并不是所有人都适合以反语形式沟通的。反语在某种程度上说，带有一定的调侃、戏谑含义，而这种风格并不是适合所有人。特别是面对位尊者来说，例如年长者、工作上级等，正话反说是不合适的。

第二，用语要准确，不能引起歧义。

因语言的千变万化、博大精深，一个词语可能有多种不同理解，一个词汇可能有不同色彩。而用词不准确的反话有时也可能会让人有不同的理解，理解错误造成不必要的麻烦就达不到预期效果了。所以，正话反说、有情反驳时，应注意话语的贴切性、准确性，确保不会引起歧义。

Tips：

▼注意沟通对象。

▼用语要准确，不能引起歧义。